FORTALEZA

Conheça
nossos clubes

Conheça
nosso site

@ @editoraquadrante
♪ @editoraquadrante
▶ @quadranteeditora
f Quadrante

Copyright © 2022 Quadrante Editora

Capa
Gabriela Haeitmann

Dados Internacionais de Catalogação na Publicação (CIP)

Llano Cifuentes, Rafael
Fortaleza / Rafael Llano Cifuentes —
7ª ed. — São Paulo: Quadrante Editora, 2024.

ISBN: 978-85-7465-636-6

1. Fortaleza (Virtude) 2. Vida cristã I. Título

CDD—241.4

Índices para catálogo sistemático:
1. Fortaleza : Virtude : Cristianismo 241.4

Todos os direitos reservados a
QUADRANTE EDITORA
Rua Bernardo da Veiga, 47 - Tel.: 3873-2270
CEP 01252-020 - São Paulo - SP
www.quadrante.com.br / atendimento@quadrante.com.br

FORTALEZA

7ª edição

Rafael Llano Cifuentes

SUMÁRIO

INTRODUÇÃO   7

O EIXO DA PERSONALIDADE   15

OS MEIOS   57

FORTES COMO A ROCHA, COM A AJUDA DE DEUS   85

INTRODUÇÃO

O barro e a rocha

Já reparamos na diferença que existe entre o barro e a rocha? O barro, qualquer chuva o dilui, qualquer enxurrada o carrega para as mil valetas dos caminhos, qualquer depressão do terreno o transforma em charco... A rocha mantém-se firme em face das tempestades, levanta-se como um baluarte diante das ondas furiosas, emerge mais brilhante depois da tormenta, como um desafio ao mar e à impetuosidade das ondas.

Assim são os homens, fracos ou fortes, como o barro e a rocha.

Os primeiros falam-nos de debilidades e desleixos, de apatias e acomodações; desse deixar-se diluir pelas contrariedades; dessa tendência habitual a resvalar para o mais cômodo, substituindo o melhor pelo mais fácil; dessa inclinação para ficar à mercê da opinião alheia, para deslizar pela vertente dos sentimentalismos e das depressões, para ser jogado em qualquer valeta da vida ou permanecer estancado, como charco, diante de qualquer obstáculo.

Os segundos são um cântico à resistência; mantêm firmes os contornos da sua personalidade no meio dos antagonismos e das oposições; são fiéis aos seus princípios e objetivos nos ambientes mais adversos; não perdem a sua própria identidade ao enfrentarem as marés contrárias da opinião pública; as turbulências da vida não os derrubam, antes fazem ressaltar mais ainda a sua fortaleza. Com razão o Evangelho compara a vida dos homens fracos e dos fortes à daqueles que edificam a sua casa sobre areia, fofa e inconsistente, ou sobre a rocha, sólida e segura (cf. Mt 7, 24-27).

A que classe de homens pertencemos: somos inconsistentes como o barro ou sólidos como a rocha? Consideremos bem que esta pergunta questiona não já um aspecto da nossa personalidade, mas toda ela considerada no seu conjunto, porque se diz precisamente que alguém tem personalidade quando mantém, como a rocha, em todo o momento — no meio da variedade das circunstâncias, mesmo as mais adversas —, uma unidade forte e coerente, um centro de equilíbrio sólido e permanente, alicerçado nos mais profundos princípios e convicções pessoais.

Por isso, ao falarmos de fortaleza, poderíamos continuar a interrogar-nos com perguntas que comprometem toda a nossa personalidade: tenho eu essa estabilidade intelectual e emocional? Possuo um centro medular de convicções inabaláveis? Sustento firmemente essas convicções ao longo da minha vida, de modo a comunicar-lhe unidade, resistência, coerência e segurança? Como vemos, são perguntas que envolvem o nosso ser como um todo.

Mais ainda: se fizermos um rápido percurso ao longo da nossa vida, observaremos que a fortaleza é necessária para a própria subsistência da nossa personalidade. Num simples olhar panorâmico, vemos que ela é indispensável para vencermos o temor natural produzido pelos perigos ou pelas apreensões negativas em relação ao futuro; imperiosa para guardarmos a serenidade em face das atividades estressantes, das agressividades, das solicitações irritantes; imprescindível para superarmos as carências físicas e afetivas, os obstáculos e as contrariedades que continuamente nos assaltam; e fundamental para persistirmos na luta cotidiana diante do caráter repetitivo do trabalho, da monotonia do dia a dia, do cansaço e do desânimo. Precisamos de uma sólida estrutura para ultrapassar as incompreensões, as injustiças, as infidelidades, as crises existenciais e o fracasso; e especialmente necessitamos de uma grande firmeza de ânimo para enfrentar a dor, a separação dos entes queridos, a doença e a perspectiva da morte. Não há, pois, nenhuma dúvida de que, em faltando a fortaleza, a personalidade se desintegra.

Ao lado desta ineludível necessidade de fortaleza, surge paralelamente a presença generalizada da fraqueza no mais íntimo da personalidade humana. Ela nos rodeia, nos invade, tende a tomar posse de nós: somos extraordinariamente vulneráveis. Aliás, como diz Pieper, «a fortaleza supõe a vulnerabilidade; sem vulnerabilidade, não se daria sequer a possibilidade da fortaleza. Ao anjo, na medida em que não é vulnerável, está-lhe vedado participar desta virtude. E ser forte ou valente não significa senão isto: poder receber uma ferida. Se o homem pode ser forte, é por ser essencialmente vulnerável. Por ferida entende-se toda a agressão [...] que a integridade natural possa vir a sofrer, toda a lesão do próprio ser [...]. Em suma: tudo o que seja de alguma forma negativo, que acarrete mal e dor, que inquiete e oprima»[1].

---

1   J. Pieper, *Las Virtudes Fundamentales*, 3ª ed., Rialp, Madri, 1988, p. 184.

E quantas não são as coisas que nos oprimem e nos inquietam; quantos os acontecimentos que nos atemorizam e impressionam; quantas as experiências que nos são dolorosas, desanimadoras e deprimentes! O ser humano está realmente mergulhado na possibilidade contínua de ser atingido e vulnerado.

Cristo, modelo de fortaleza

Sendo tão grande a vulnerabilidade humana e, em consequência, tão indispensável a fortaleza, o progresso nesta virtude é uma tarefa na qual nos devemos empenhar a fundo. Não é uma qualidade que se receba, como coisa já acabada; é antes uma qualidade que possuímos em germe e que deve ser desenvolvida com o nosso esforço.

São, porém, tão numerosas as dificuldades que surgem, é tão grande a fraqueza humana, que precisamos que a nossa coragem seja dilatada pelo poder divino. A rijeza humana que devemos tentar adquirir servirá de base à virtude sobrenatural da fortaleza, infundida por Deus na alma, a qual eleva e potencia os nossos próprios recursos. Só ajudados por ela conseguiremos alcançar essas metas árduas e difíceis do viver cristão.

É aqui que vem ao nosso encontro um Deus infinitamente compreensivo que — no dizer de Santo Agostinho — «se fez homem para que o homem pudesse vir a ser Deus»[2]: Cristo fez-se *caminho, verdade e vida* (Jo 14, 6), colocando-se ao nosso lado como estímulo e auxílio.

---

2   Santo Agostinho, *Sermo 185*, PL 38, pp. 997-999.

Temos de ver Jesus Cristo presente, junto de nós, como modelo vivo de uma personalidade maravilhosa que deve ser imitada. E entre as facetas desse modelo, é preciso que agora reparemos especialmente na sua fortaleza. Porque, ao insistirem tanto na sua bondade e na sua mansidão, alguns se esqueceram às vezes de falar da sua firmeza e da sua varonilidade. Não raro se apresenta a figura de Jesus com traços tão delicados, tão adocicados, que nem parece a figura de um homem. É preciso vê-lo em toda a sua grandiosa dimensão. «O que impressiona, antes de tudo, na natureza humana de Jesus — escreve Karl Adam — é a extraordinária lucidez do seu pensamento, assim como a inquebrantável firmeza da sua vontade. Se se quisesse tentar o impossível e exprimir numa palavra a sua fisionomia humana, seria necessário dizer que foi verdadeiramente um homem de caráter inflexível e totalmente voltado para o seu fim [...]. A hesitação e os compromissos covardes não são com Ele [...]. Jesus é sempre o mesmo, está sempre pronto, porque nunca fala ou age senão com toda a sua consciência luminosa, com a sua vontade enérgica e total [...]. Jesus é um caráter plenamente heroico, o heroísmo feito homem»[3].

Assim temos que vê-lo, integralmente, em toda a sua magnitude. Aquele Jesus que acaricia suavemente a cabeça das crianças com a mão forte de um carpinteiro é o que empunha com a mesma mão o chicote para expulsar os vendilhões do Templo, porque o devora o zelo da Casa de Deus. Aquele Mestre que diz serenamente: *Aprendei de mim, que sou manso e humilde*

---

3   K. Adam, *Jesus Cristo*, Quadrante, São Paulo, 1986, pp. 13-15.

de coração (Mt 21, 11), é o mesmo que desmascara os hipócritas chamando-lhes abertamente raça de víboras e sepulcros caiados (cf. Mt 3, 7-23.27).

Sim, temos que ver Jesus forte, que passa noites inteiras sem dormir entregue à oração, que se alimenta com um punhado de trigo recolhido à beira de qualquer caminho, que não tem para descansar um refúgio como os ninhos dos pássaros ou as tocas das raposas, que dorme entre as cordas duras da barca de Pedro, que responde com inaudita firmeza a um Herodes ou a um Pilatos, que com a simples força da sua voz derruba o corpo de guarda que o vem aprisionar, e que morre com uma serena fortaleza perdoando os seus carrascos enquanto murmura: *Tudo está consumado* (Jo 12, 30).

Ele nos diz: *Aprendei de mim* (Mt 11, 29), *dei-vos exemplo para que, como eu procedi, assim procedais vós também* (Jo 13, 15).

Quando temos diante de nós uma personalidade marcante, eleva-se do mais fundo do nosso peito um grande desejo de imitá-la, uma motivação que nos impele a identificar-nos com ela. Isso tem acontecido em todas as épocas históricas. Em torno das figuras de destaque, dos grandes vultos, sempre se formaram movimentos e escolas que eram, em última análise, como que a cristalização de uma autêntica vontade de identificação. E que personalidade pode haver que supere a de Cristo, «perfeito Deus e perfeito homem»?[4] Proceder de acordo com o exemplo de Cristo não representa, por acaso, o maior ideal hu-

---

4   Símbolo Atanasiano.

mano, capaz de dinamizar todas as molas da nossa vontade e os anseios mais profundos de perfeição e de plenitude?

Ao longo das próximas páginas, iremos delineando um perfil que, se repararmos bem, estará em perfeita harmonia com a fisionomia humana e espiritual de Cristo. A sua leitura pode porventura ajudar-nos a remover a nossa natural fraqueza, pondo em movimento todo o potencial de fortaleza escondido sob as nossas apatias.

O EIXO DA PERSONALIDADE

Balmes dizia que toda a autêntica personalidade deveria ter a *cabeça de gelo*, o *coração de fogo* e os *braços de ferro*[1].

Cabeça de gelo, que se guia por ideias claras, transparentes, frias como todo o raciocínio límpido, depurado da amálgama emocional.

Coração de fogo, sentimentos e amores ardentes que recolhem e canalizam toda a imensa riqueza afetiva do nosso ser, que impregnam o frio raciocínio de calor humano e de entusiasmo vibrante, capaz de despertar todas as energias da alma.

Braços de ferro, instrumentos que levam à prática essas ideias lúcidas, inflamadas na fornalha do coração; a potencialidade motora que impulsiona a realização eficiente e perfeita das concepções teóricas elaboradas pela mente.

Este tripé, quando harmonicamente equilibrado, forma o eixo de uma personalidade forte.

---

1   Cf. I. Casanovas, *Balmes, su vida, sus obras y su tiempo*, Barcelona, 1942, p. 83.

A fortaleza na cabeça

A fortaleza nasce na cabeça e vive a partir de um centro medular de ideias e convicções inabaláveis, que criam poderosas motivações capazes de superar todos os obstáculos.

Uma mãe, aparentemente fraca, reage com uma resistência e uma ousadia incríveis quando se vê na necessidade de defender a vida de um dos seus filhos, pois para ela o amor aos filhos — o instinto de maternidade — representa o núcleo mais íntimo das suas convicções. O mesmo significa para um verdadeiro patriota o amor à sua gente e à sua terra. A sua capacidade de coragem e valentia na defesa desse amor está na razão direta do grau de enraizamento das suas convicções fundamentais em torno da ideia de Pátria. Quando sente ameaçados esses princípios fundamentais, a reação que experimenta pode atingir níveis do mais alto heroísmo. Igual atitude pode ser assumida por um homem em face dos valores espirituais. Neste caso, a presença inefável de Deus e o seu amor chegam a representar para ele algo tão profundo que, para defender a sua fé e a honra que Deus merece, é capaz de arriscar a própria vida e morrer mártir.

Mas nunca existirá capacidade para *atacar* e para *resistir* — atos fundamentais da fortaleza — se não houver convicções e motivações fortes. Um homem sem um núcleo essencial de convicções é sempre um homem pusilânime, tímido, medroso, débil.

A consistência das ideias

A fortaleza mede-se em primeiro lugar pela consistência das ideias. Também sob este prisma pode o homem ser comparado com o barro e com a rocha.

Os homens fracos não têm uma forma mental própria. Como o barro, adquirem sempre a forma neles plasmada por um agente exterior; moldam-se sob qualquer pressão; ficam marcados por qualquer pegada; submetem-se à forma do recipiente onde os depositam; sofrem o desgaste de qualquer vento de opinião; e acabam por ser caudatários de qualquer circunstância...[2]; as circunstâncias — de tempo, lugar e ambiente — passam a pesar mais do que eles próprios: e resignam-se a não ter voz, a ser apenas um eco.

Um homem forte compreende aquilo que afirmava Ortega y Gasset: «Não somos disparados sobre a existência como a bala de um fuzil, cuja trajetória já está absolutamente determinada. A fatalidade com

---

2 Nas *Meditaciones de D. Quijote* aparece em forma conceitual a famosa frase de Ortega: «Yo soy yo y mis circunstancias»; cf. Julián Mariás, *História da Filosofia*, 8ª ed., Sousa & Almeida, Porto, 1987, p. 430.

que deparamos ao entrar neste mundo [...] consiste no contrário [...]. Viver é sentir-se *fatalmente* forçado a exercer a liberdade [...]. Portanto, é falso dizer que, na vida, o que decide são as circunstâncias. Ao contrário: as circunstâncias são o dilema, sempre novo, ante o qual temos que nos decidir. *Mas o que decide é o nosso caráter»*[3].

As pessoas sem caráter — os homens de barro — não decidem; vivem na voz passiva dos verbos, *são decididas*, são determinadas, plasmadas, manipuladas pelas circunstâncias.

De modo diferente se comportam os homens que se assemelham às rochas. Diz-nos a geologia que os minerais que formam as rochas sempre cristalizam no sistema que convém à sua própria natureza — cúbico, hexagonal, tetragonal etc.,... —, de acordo com a sua constituição íntima. Assim também os homens fortes: são sempre os mesmos, são sempre eles, idênticos a si próprios, sejam quais forem as coordenadas — as circunstâncias — em que se encontrem. As circunstâncias não os *desfiguram*. São eles, pelo contrário — livres de toda a manipulação —, quem *configura* todas as circunstâncias. São eles, em cada firmamento histórico, os protagonistas da sua própria biografia.

Nada mais antipático, sem dúvida, do que uma falsa fortaleza que se manifesta numa atitude mental inflexível, esclerosada, intolerante, enfatuada, arrogante ou fossilizada. Mas também nada mais lamentável do que um homem feito de creme, com o cérebro mole de uma criança, intelectualmente invertebrado, sem

---

3   J. Ortega y Gasset, *A rebelião das massas*, Martins Fontes, São Paulo, 1987, pp. 67-68.

contornos, como uma ameba, sempre dependente do meio em que vive, frívolo, com «cabeça semelhante a uma loja de bricabraque», cheia de «utopias, sonhos e... trastes velhos»[4], sem perfis nítidos nem horizontes...

Nem a fortaleza é radicalismo — mas coerência e salvaguarda da identidade própria —, nem a fraqueza é compreensão, flexibilidade ou delicada transigência, mas, simplesmente, falta de caráter.

Ibsen chega a comparar um homem sem caráter a uma cebola: «Peer Gynt parecia-se com uma cebola que se vai descascando sem nunca se chegar a um ponto sólido. A vida para ele não constituía mais do que uma sucessão de meses e anos que o vento levou, sem nunca pôr a descoberto um centro resistente. O único epitáfio que se poderia gravar na lousa da sua campa seria este: "Aqui não jaz ninguém"»[5]. Os Peer Gynt povoam a terra e fazem dela um vasto campo de cebolas.

Pertencemos nós a esse triste tipo de pessoas? Temos realmente um *ponto sólido*, *um centro resistente de ideias*, umas convicções fundamentais que constituam o núcleo essencial da nossa personalidade? Essas convicções são capazes de responder às perguntas essenciais que todo ser humano formula mais cedo ou mais tarde: quem sou, de onde venho, para onde vou?

Sem possuir uma certeza a respeito dessas questões, o homem nunca pode ter segurança. Como pode viver seguro quem não conhece o sentido da sua vida e da sua morte, da sua doença e da sua dor? Como pode

---

4   Cf. Josemaria Escrivá, *Sulco*, 4ª ed., Quadrante, São Paulo, 2016, n. 535.

5   Cf. A. Jansen, *Ibsen, biografía del creador del teatro social*, Buenos Aires, 1967, p. 48.

evitar a angústia quem sabe que pode ser jogado em qualquer momento na valeta da vida, como um gato morto, pelo simples capricho de uma circunstância fortuita, de um acaso?

E assim chegamos necessariamente à questão do nosso relacionamento com Deus, porque, sem Deus, essas perguntas ficam penduradas no vazio, sem resposta possível. Sem Deus, a minha vida é um enigma gerador de precariedades, tédios e angústias. Um homem sem Deus é simplesmente um homem para a morte.

As convicções religiosas firmes representam, pois, o alicerce definitivo de toda a fortaleza. Um homem que arrasta uma fé frágil, por essa mesma razão torna-se ele próprio frágil. Pelo contrário, a ideia profunda e amável da paternidade de Deus, enraizada na alma, altera completamente a tessitura dos pensamentos: meu Pai-Deus não está distante, está ao meu lado, ama-me muito mais do que todas as mães juntas podem amar o seu filho único; cuida de mim muito mais do que cuida dos pássaros do céu e dos lírios do campo: não estou na dependência de um destino cego, estou sendo agasalhado por um Pai que tudo sabe e que tudo pode... E nasce no fundo da alma uma forte e terna segurança.

Ao lado dessa ideia simples e fundamental, a presença de Jesus Cristo, tão próximo, como amigo e como irmão, alenta e anima: *Eu estarei convosco todos os dias, até o fim do mundo* (Mt 28, 20). *Quem estiver angustiado venha a mim e encontrará repouso...* (Mt 11, 28). *No mundo tereis angústias, mas não vos preocupeis, Eu venci o mundo...* (Jo 16, 33).

Que força nos brota destas convicções, que nos põem em conexão com o infinito poder de Deus, com a graça de um Deus Criador, Redentor e Santificador!

A personalidade insegura, tímida, impressionável

A *personalidade insegura* não tem uma base de ideias firme. É como um navio cujo piloto não sabe a que porto se dirige. Balança ao sabor dos acontecimentos. Os pressentimentos negativos quanto ao futuro deixam-na apavorada. Deprime-se por qualquer apreensão pessimista. Tem a sensação de ser arrastada de cá para lá por forças desconhecidas. Como não tem uma fé profunda, acaba por dar valor a qualquer coisa que se lhe apresente como tábua de salvação. E acaba caindo na crendice e na superstição.

Esse homem duvida, duvida sempre. Tem a impressão de estar continuamente na encruzilhada de um caminho sem saber exatamente qual a vereda que deve escolher. Não tem critérios de opção. Isso o angustia. Será que acertei? Que será de mim no futuro? Na realidade, para onde me dirijo? Poderei ser feliz algum dia? Falta-lhe esse tranquilo abandono de quem sabe que se encontra nas mãos de um Pai amoroso que está mais interessado na sua felicidade do que ele próprio. Esse homem flutuante, intranquilo, sofre muito. Dá pena. Está com saudades de um lar, de proteção, de segurança. Está precisando de Deus.

Muitas pessoas aparentemente maduras escondem a sua ingênita insegurança sob uma aparência impávida ou um ar agressivo. Há determinadas atitudes de superioridade que não passam de simples máscaras.

Há pouco, um amigo contava-me que fez uma viagem de avião do Rio a São Paulo com um conhecido político, notável pelo seu desassombro revolucionário nos comícios, um verdadeiro agitador de massas. No meio da viagem, o avião começou a balançar. O meu amigo observou a palidez no rosto do seu companheiro de poltrona. Em poucos minutos o avião penetrou numa fortíssima turbulência atmosférica e o político entrou em pânico. Com os olhos esbugalhados, perguntou ao meu amigo: «Mas você não tem medo?; eu estou simplesmente apavorado». Este respondeu: «Pois eu estou absolutamente tranquilo. Confessei-me esta semana. Tenho o "passaporte" pronto para a outra "viagem"».

Mal terminou a tempestade, estabeleceu-se entre os dois um diálogo amistoso. Ambos concordaram em que não pode haver uma segurança profunda se não houver tranquilidade de consciência, se não se estiver em amizade com Deus.

Ao lado dessa figura aparece a *personalidade tímida, medrosa*. Um homem inseguro é habitualmente tímido, inibido; sempre teme alguma coisa. Alguma coisa pavorosa está à espreita, em qualquer momento pode desabar em cima dele: uma doença, uma desgraça, uma repercussão negativa da sua conduta, um fracasso, a morte... Como não tem uma nítida escala de valores objetivos, uma fé forte, está habitualmente na dependência de «algo que pode acontecer», algo impreciso, nebuloso, turbulento, inominado. O seu caminhar é lento: «Tenho que tomar cuidado, não posso dar um passo em falso, pois talvez seja irreversível, irreparável...» Sempre pensa: «Devo acautelar-me quanto ao que digo e ao que faço; talvez possa ficar marcado para sempre»... Este caminhar vagaroso, este receio habitual desgasta-o. Falta-lhe a alegre liberdade de viver sem medo de ser feliz.

Não há muito tempo, um estudante universitário do Rio perguntava-me: «Por que é que sou tão tímido? Por que me sinto diminuído quando reparo que o meu físico não é tão atrativo, que a minha pequena estatura não chama a atenção das garotas bonitas? Por que sinto vergonha ao pedir "carona" a um colega que tem o seu "carrão", mora na zona sul, quando eu não tenho um miserável "calhambeque" e moro para lá de Madureira?... Por que esse "complexo" todo?»

E eu respondi-lhe: «Porque você tem uma falsa escala de valores: pensa que a Mãe de Jesus ou São José se sentiriam diminuídos porque eram pobres? Pensa que São Paulo sentia "complexo" por ser baixo de estatura? Falta-lhe a verdadeira estatura de um filho de Deus, o nobre orgulho de ser filho de quem não faz discriminações entre pobre e rico, branco e preto, sábio e ignorante; falta-lhe essa dimensão da dignidade humana que o torna herdeiro e possuidor desse imenso céu estrelado, desse mar tão bonito que se estende de polo a polo, dessas praias maravilhosas que embelezam a baía da Guanabara. Você, meu caro, é *grande* e não sabe».

Sim, a esse homem — como a tantos —, é preciso dizer-lhe que reconheça a sua grandeza, que não tenha tanto medo do fracasso e da dor; que a dor purifica a alma como a fornalha purifica o metal nobre; que a opinião alheia não nos deve importar tanto, pois o que nos deve realmente interessar é o que Deus pensa de nós; que o fracasso também é experiência, e que nesse cair e levantar-se, nesse começar e recomeçar, encontramos o compasso da existência, a caminho da Pátria definitiva.

Irmã gêmea da timidez é a *impressionabilidade*, a hipersensibilidade.

A escala de Mohs — indicadora do grau de dureza dos materiais — vai do talco laminar e da gibbsita até o coríndon e o diamante. O critério de dureza aquilata--se em cada grau pelo poder que o material em questão tem de riscar, de marcar os do grau inferior. O talco é riscado por todos. O diamante marca todos os materiais e não é marcado por nenhum. Há homens que têm a dureza do diamante; outros parecem uma massa informe de talco laminar, tal é a sua vulnerabilidade. Tudo os afeta, tudo os sensibiliza, tudo os fere, tudo os impressiona: uma opinião contrária, uma expressão no rosto do interlocutor que reflita uma imagem desfavorável da sua personalidade, uma correção, uma crítica, uma repreensão, uma «indireta», uma ironia e até um gracejo inocente os deixam magoados. É preciso ter muito cuidado no trato e na convivência com eles. De repente mudam de comportamento. Alguma coisa os atingiu. Não se sabe o que foi nem por quê.

Lembro-me de um conhecido jornalista que, talvez por insegurança, começou a suspeitar do chefe de redação do seu jornal: «Ele quer me mandar embora, olhou-me de viés», pensou um dia; e noutro: «Hoje não me cumprimentou; deve haver alguma razão...»

A sua suscetibilidade foi crescendo pouco a pouco, até que acabou em verdadeira mania de perseguição, convertendo-o num homem esquisito, violento, intratável. E foi despedido: atraiu, afinal, o que mais queria evitar. Os *vitimistas* acabam por ser realmente as vítimas em que tanto temiam converter-se. Desprovidos de convicções fortes, qualquer coisa os fere. E a ferida nem sempre cicatriza. Parece até que a alimentam. Têm memória de elefante. Julgam-se fortes porque não têm a «fraqueza» de esquecer ou de perdoar, não compreendendo que na realidade são fracos, e muito vulneráveis, cheios de sinais negativos. São *homens marcados*.

A personalidade «camaleônica»

Paralelamente, perfila-se outro tipo de personalidade que deriva da insegurança e da vulnerabilidade próprias de quem não tem alicerces firmes. É o que poderíamos denominar personalidade *camaleônica*. Os camaleões mudam de cor para se defenderem. São pardacentos em cima do tronco da árvore e esverdeados entre a folhagem... Identificando-se com o seu meio, desconcertam e confundem o inimigo. O *mimetismo* é a arma que lhes protege a fragilidade.

O mesmo acontece com os homens fracos. Mudam de cor — mudam de opinião, de atitude — de acordo com o meio social ou cultural em que se encontram. São «progressistas» ou «conservadores», «católicos liberais» ou «católicos praticantes», «gozadores debochados» ou «homens bem-comportados», «pais de família extremosos» ou «quarentões interessantes», «sirigaitas de barzinho» ou «executivos eficientes», de acordo com o lugar ou o ambiente por onde passam.

Dizem eles: «Tenho um grande *jogo de cintura*, sou um bom político, um habilidoso diplomata». Mas os outros pensam: «Eis aí um oportunista. Um *vira-casaca*. Um covarde».

Há uma versão específica da conduta *camaleônica*: a dos chamados *respeitos humanos* ou do medo «ao que dirão», o medo de defender os princípios pessoais em ambientes adversos. É o caso dos que têm vergonha de apresentar-se como católicos pelo receio de serem criticados. Falta-lhes ser o que São Pedro pedia: *fortes in fide* (1 Pe 5, 9), fortes na fé: cedem com facilidade, acomodando-se ao pensamento da maioria; falta-lhes coragem.

Aprendemos que o ato supremo da fortaleza consiste em enfrentar o martírio com valentia. Na época dos mártires, os que claudicavam eram considerados apóstatas. E eu às vezes me pergunto: se neste nosso tempo as pessoas mascaram a sua fé pelo simples temor de uma gozação, que aconteceria se vivessem na época de Nero ou de Diocleciano, quando confessar a fé significava perder a vida? Sem dúvida, a apostasia — disfarçada de «jeitinhos» e «jogos de cintura» — converter-se-ia em verdadeira doença epidêmica.

Toda essa situação indica bem claramente a que ponto ínfimo chegou o nível da nossa fortaleza doutrinal.

Se não nos é exigido morrermos mártires, pelo menos espera-se de nós a disposição de nadar contra a corrente, defendendo as nossas convicções com um mínimo de coerência. Custa, sem dúvida, viver essa coerência em todo momento; custa muito mais, no entanto, ter que suportar o fardo dessa falta de dignidade, dessa covardia que se esconde sob a máscara da dissimulação.

Fortes na fé (1 Pe 5, 9). Não é fanatismo ou intransigência; é firmeza. Podemos ceder em tudo o que é acidental; na fé, porém, não podemos ceder. Neste terreno — o terreno dos alicerces —, temos que ser como as rochas, como esses pilares de ferro cravados no concreto, que não cedem um centímetro. Caso contrário, o edifício inteiro da personalidade desaba.

A *fortaleza no coração*

Com a cabeça não se sente. Com o coração não se pensa. Mas há gente que pensa com o coração e sente com a cabeça.

O coração precisa de uma cabeça de gelo, de um raciocínio frio, depurado dos desvios perturbadores da emotividade; a cabeça, por sua vez, necessita imperiosamente de entusiasmar-se, de aquecer-se num coração de fogo. A cabeça é o volante; o coração, o acelerador. Ambos se exigem mutuamente: a primeira orienta; o segundo impulsiona. Muitos desastres da vida são provocados quando os papéis se invertem.

Fraqueza sentimental

O presidente de uma multinacional resolveu certo dia empregar uma nova secretária pessoal, e imediatamente se pôs em movimento a máquina burocrática da empresa. Depois de complicados testes entre dezenas de candidatas, foram selecionadas três moças. Para simplificar ao máximo a escolha, fizeram diante do presidente um último teste primário, formulando para as três a mesma pergunta: quantos são 2 e 2? A primeira respondeu: 4; a segunda: podem ser 22; a terceira: podem ser 4 ou 22. O psicólogo reduziu o seu veredicto a um diagnóstico elementar, que levou ao presidente: «A primeira deu a resposta mais óbvia, é um espírito simples, atua sem rodeios; a segunda é prudente, farejou uma cilada e deu uma resposta reservada que revela uma mentalidade viva; a terceira mostrou flexibilidade, capacidade diplomática, talvez ceticismo. Qual das três o senhor escolhe?» E o presidente respondeu sem hesitar: «A loirinha de olhos azuis».

Há muitas pessoas como este senhor presidente. Pensam com o coração e resolvem com as glândulas ou com os hormônios. Gostam de perguntar, de ouvir conselhos, gastam talvez tempo e dinheiro em estudos teóricos, e depois, na prática, decidem de acordo com a lei do gosto, do sentimentalismo ou das emoções. São homens construídos às avessas. Onde deve haver um raciocínio puro, límpido e frio como o gelo, deixam entrar as emoções turbulentas, as ambições interesseiras.

Quando esse comportamento atinge o nível de fenômeno social, surge o que um pensador nacional denominava recentemente «a civilização dos desejos» e que um amigo inglês resumia sumariamente com uma pergunta que fazia a toda a gente: *«Do you like?* Você gosta? Se você gosta, tudo O.K., está tudo certo». As decisões eram todas invariavelmente justificadas pela lei glandular.

A dignidade humana reclama algo mais do que uma consulta ao comodismo, ao estômago ou ao sexo: exige que se consultem primeiro os princípios fundamentais em que se acredita e as exigências do cumprimento do dever.

Dá arrepios verificar — infelizmente com tanta frequência! — que a fidelidade conquistada à custa de mil sacrifícios e a responsabilidade no governo de uma família ficam na dependência do que é atrativo, «gostoso», apaixonante, ou podem ser desbaratadas pela fraqueza de um momento, pelo charme de uma loirinha de olhos azuis.

Há pessoas que parecem levar o semáforo dos olhos sempre aberto em sinal verde para dar passagem a tudo e a todos, ou que dão a impressão de levarem as mãos estendidas pedindo a qualquer um a esmola de umas pobres migalhas de afeição e de carinho. São essas mesmas pessoas que confundem a facilidade de relacionar-se com a necessidade de receber carinho ou com a carência afetiva; ou identificam a bondade com a fraqueza.

Não raramente se diz de alguém que tem um grande coração porque é adocicado, melífluo, saudosista, chorão, melodramático ou romântico desvairado, e, talvez por isso mesmo, emocionalmente instável, desleal ou infiel. Isso não significa ter um coração grande; isso significa ter no meio do peito, do lado esquerdo, em vez do coração, um grande pote de marmelada.

Será que não compreendemos que tudo isso se pode reduzir a uma simples expressão: *fraqueza sentimental?* Uma pessoa assim constituída, em vez de amar os outros com um amor forte, está amando-se a si própria com um amor de autocompaixão, e por isso mesmo torna-se extremamente vulnerável. Essa atitude afetiva acaba por conduzir a um estado de ânimo introspectivo e doentio: não me estimam, não se preocupam comigo, não me compreendem, não satisfazem as minhas carências, sinto que não tenho liberdade, estou sufocado... E aí temos uma criatura, que poderia ser feliz se se esquecesse de si própria e pensasse nas suas nobres responsabilidades, perdida no emaranhado de um sentimentalismo imaturo, dominada pela síndrome de *gata borralheira*.

Amor forte

É preciso levantar o coração, elevá-lo por cima desse mundo puramente biológico e emocional. É necessário dar ao coração um amor grande, maior do que o nosso egoísmo, até chegar a esse amor que se resume em *amar a Deus com todo o coração, com toda a alma, com todas as forças, e ao próximo como a nós mesmos* (Lc 10, 27).

Um amor forte — uma verdadeira paixão vital — tornar-nos-á a nós mesmos fortes também. *Fortes como a morte*, como diz a Sagrada Escritura (cf. Ct 8, 6).

Porque o Amor é essencial. Fomos criados à imagem e semelhança de Deus, e *Deus é Amor* (1 Jo 4, 16). O homem nasceu para amar. Nada mais e nada menos.

Pensar não basta. A verdade que está na cabeça, se for forte, tem capacidade expansiva: invade o coração e no coração se aquece.

O coração é o motor da vitalidade. O silogismo pode convencer, mas não arrasta. A ideia esclarece, mas não se torna propulsora enquanto não se alia à profundidade afetiva do coração. As verdades fundamentais tornam-se realmente ideais vitais quando se entranham no coração pelo amor. Aquele que quer ser um grande médico, mas não ama a saúde dos doentes, a solução das angústias de que padecem, nunca chegará a ser um grande médico na mais pura acepção da palavra. Poderá ser um cientista, mas não um médico. Aquele que se quer tornar um cristão autêntico, mas não medita na vida de Cristo, não a interioriza, nunca se tornará outro Cristo. Poderá ser um teórico, um funcionário do cristianismo, um bom burocrata de sacristia, mas faltar-lhe-á esse ardente dinamismo que Jesus comparava ao fogo: *Fogo vim trazer à terra, e que outra coisa desejo senão que arda?* (Lc 12, 49).

O amor comunica à personalidade aquela paixão que Pasteur designava por *entusiasmo* e que um cientista tão isento e frio como Alexis Carrel considerava imprescindível para toda a tarefa intelectual criadora: «O intelectual puro é um ser incompleto, precisa da força propulsora do entusiasmo»[6].

O entusiasmo é como a verdade que explode em chamas e se propaga à semelhança do fogo que Cristo veio trazer à terra. Mas, para que isso aconteça, é necessário que o amor chegue a tão alto grau de temperatura e pressão que se derrame em forma de dinamismo operativo.

Força de vontade

O entusiasmo começa por ser uma poderosa força motivadora e termina convertendo-se nesse dinamismo

---

6   A. Carrel, *O homem, esse desconhecido*, Educação Nacional, Porto, p. 159.

operativo avassalador de que acabamos de falar. Mas antes cristaliza em algo que se designa por *determinação*. Determinar-se é querer. Aliás, em última análise, amar é *querer amar*. E o querer brota de uma potência anímica que se chama *vontade*.

A vontade é o cerne da personalidade. Um homem que queira ter a cabeça de gelo e os braços de ferro deve ter primeiro uma vontade de aço.

Dizem que «querer é poder». É certo que é necessário possuir primeiro uma potencialidade, umas condições mínimas: de um ovo de galinha não pode brotar o voo airoso de uma esplêndida águia. Mas um querer forte vai criando pouco a pouco as condições para poder. Se não se pode num dia, pode-se em dois, ou num ano, ou na vida inteira. Se não se pode com os meios de que se dispõe, acumulam-se outros e outros progressivamente, até se conseguir poder. Mas é necessário querer. Querer com toda a alma. Querer com paixão.

Lembro-me da surpresa que me causou, por ocasião das Olimpíadas de Roma em 1960, ver na televisão a impressionante arrancada de Wilma Rudolph, uma jovem negra norte-americana. Tinha então apenas vinte anos e correu os 100 metros em onze segundos, pulverizando o record mundial feminino. Isto é história conhecida e não deveria admirar ninguém. Mas o que me surpreendeu na sua corrida — e isto é pouco conhecido — foi saber que Wilma sofrera antes de uma escarlatina seguida de pneumonia dupla, e que ficara paralítica.

Aquela menina que durante dois anos teve que usar uma cadeira de rodas e, durante cinco, muletas, só pensava e queria uma coisa: ser como as outras meninas, correr como as outras meninas. E esforçou-se tanto, em duríssimas sessões de recuperação, que conseguiu não apenas correr como as outras, mas converter-se em Roma na quinta mulher que, na história dos jogos olímpicos, viria a ganhar os 100 e os 200 metros na mesma Olimpíada.

Isso exigiu-lhe centenas de pequenas lutas, milhares de pequenos sacrifícios adicionais que, progressivamente, escalonadamente, foram perfazendo a maravilha de um milagre humano. O avanço de um milímetro dava-lhe a possibilidade de avançar outros dois; uma diminuta capacidade adquirida despertava outra, até que por esse plano inclinado e ascensional chegou ao cume. Compreendemos assim como um *querer* forte e apaixonado consegue realmente *poder*?

Certa vez, São Tomás foi abordado por uma das suas irmãs, que lhe perguntou de repente o que era necessário para se tornar santa. Acostumado a fazer as mais sutis e profundas distinções, São Tomás respondeu-lhe apenas com uma palavra: *querer*. A irmã não ficou contente e repetiu a pergunta, insistindo por uma resposta mais profunda. O santo, muito sério, voltou a dizer exatamente o mesmo: *querer*. E não acrescentou mais nada[7]. Sabia o que dizia. Sabia que Deus deseja que todos sejamos santos e, para tanto, concede as graças necessárias. Mas é preciso corresponder. E a correspondência à graça começa pelo querer. Não, porém, por um querer qualquer, mas por um querer firmíssimo. Assim, querer é poder.

---

7   Cf. T. Toth, *O jovem de carácter*, 4ª ed., Coimbra, 1962, p. 106.

Lembramo-nos daquele homem do Evangelho que tinha a mão ressequida, paralítica. O Senhor disse--lhe: *Estende a tua mão*. E ele estendeu-a e ficou curado (Mt 12, 13). Primeiro estendeu-a e depois ficou curado. Mas como ia abrir a mão antes de ser curado, se esta não se podia mexer precisamente porque estava paralítica? E, no entanto, assim foi. É que ele a estendeu com a vontade, porque o seu querer, sob o império da voz de Cristo, foi um querer profundo, mais profundo do que a sua paralisia.

Muitos homens não podem porque não querem. E não querem não porque lhes falte capacidade, mas porque têm a vontade paralítica. O querer não pode ser um querer que *quereria* — com o triste condicional dos fracos e dos apáticos —, um querer paralítico, mas um querer decidido, que parta do mais profundo da personalidade.

Deveria perguntar-me: quando digo que não posso, ou quando, depois de muitas tentativas, desisto e atribuo a desistência à falta de condições pessoais ou a mil obstáculos reais ou imaginários, já pensei alguma vez que o problema real não está ali, nesses motivos, mas aqui, dentro de mim: na falta de força de vontade?

Paciência

A paciência é a força de vontade feita vida, consolidada no dia a dia, no viver cotidiano discreto e silencioso, no perfazer heroicamente a hora de sessenta minutos e o minuto de sessenta segundos. Os laboratórios da força de vontade residem onde se cultiva a paciência: nos quartos dos doentes, nas salas de estudo e nas bibliotecas, nos corredores dos hospitais, nos campos de plantio onde se vê crescer aos poucos a semente, ao pé dos berços e do insuportável calor das cozinhas, junto às máquinas de costura, na lenta sequência do aprendizado universitário, no vagaroso processo fabril e artesanal, diante do Sacrário em longas horas de oração...

A força de vontade exige muitas vezes ter que suportar durante muitos anos, sem interrupção, uma doença própria ou alheia, o egoísmo neurótico do outro cônjuge, o tratamento demorado de um filho excepcional... Tudo isso exige uma força moral superior àquela que é necessária para suportar um sofrimento talvez mais intenso, mas de duração mais curta.

Saber padecer com serenidade é um sinal de firmeza de caráter. Às vezes, pensa-se que a paciência é virtude de homens de caráter débil, que não têm coragem para reagir ou atacar. Em alguns casos, pode ser verdade; noutros, porém, é um grande engano. As nossas impaciências, pelo contrário, quase sempre evidenciam uma fraqueza escondida, um sinal de imaturidade. Pensamos que, quando nos fazem esperar, é porque não nos dão a suficiente importância; quando não nos obedecem, é porque estamos perdendo autoridade; quando não satisfazem os nossos gostos, é porque desejam contrariar-nos. É por isso que nos irritamos. Aumentamos de modo infantil o agravo, por causa do nosso complexo de inferioridade ou por falta de domínio próprio. A atitude inflamada, os gestos destemperados, as palavras que vão subindo de tom equivalem aos esperneios de uma criança. A ausência de controle, as convulsões desvairadas, as sacudidelas de um sistema nervoso

FORTALEZA

pouco equilibrado são efetivamente sintomas de imaturidade e fraqueza. *Melhor do que o forte é o paciente;
e quem sabe dominar-se, mais do que aquele que conquista
uma cidade* (Pr 16, 32).

A este respeito diz-nos Garrigou-Lagrange: «Pela
paciência chega a alma a ser dona do seu destino, por
cima das flutuações da sensibilidade deprimida pela
tristeza. Os mártires foram no mais alto grau senhores
de si mesmos e livres. Encerra-se na paciência algo do
ato fundamental da virtude da fortaleza: suportar as
coisas penosas sem desfalecer. É mais difícil e mais
meritório, diz São Tomás (II, II, q. 123, a. 6, 1), sofrer
por longo tempo o que contraria vivamente a nossa
natureza do que arremeter contra o adversário num
momento de exaltação. Mais duro é para o soldado
aguentar muito tempo debaixo das balas numa trin-
cheira úmida e fria do que tomar parte num ataque
com todo o ardor do seu temperamento»[8].

Talvez sonhemos com a possibilidade de um dia
realizar grande proezas e atos heroicos, e no entanto,
paradoxalmente, somos incapazes de suportar com
paciência os mil pequenos incidentes do dia a dia:
os atrasos, as respostas indelicadas, os imprevistos,
e especialmente o caráter repetitivo e monótono da
rotina cotidiana. Não nos revela isto precisamente o
mérito e o valor da paciência?

Por isso diz o filósofo alemão Josef Pieper, com
extraordinária acuidade, que é «na resistência e na
paciência que se revela a última e mais profunda força

---

8   R. Garrigou-Lagrange, *Las tres edades de la vida interior*, vol. II, Palabra, Madri,
     1982, p. 650.

anímica do homem»[9]. E São Tomás, fazendo-se eco da Sagrada Escritura (Lc 21, 19), sintetiza com tino certeiro: «Pela paciência mantém o homem a posse da sua alma»[10].

Aprender a sofrer, a calar-se, a sorrir, é aprender a ser forte. É o que nos mostra o extraordinário retrato que Georges Chevrot traça de Jesus Cristo, modelo de humanidade porque foi modelo de fortaleza. A citação é longa, mas vale a pena, porque põe em contraste o perfil divinamente heroico do Deus-Homem com o dos caracteres mesquinhos que se movimentam à sua volta no drama do Calvário:

«Em parte alguma Cristo se mostrou tão grande como na sua aparente derrota. Pilatos, conduzindo-o ao terraço do seu palácio, exclama: "Eis o homem!", na esperança de que a multidão se compadeça à vista do rosto e do corpo ensanguentado do inocente acusado. Mas a palavra do governador ultrapassa as intenções que as ditaram. Perante os rostos patibulares e brutais que escarnecem de um ser indefeso, Cristo, cujo corpo ainda treme sob a violência das chicotadas recebidas, revela-nos a nobreza a que pode chegar o caráter de um homem, quando tem a coragem de se elevar até os desígnios que Deus formulou a seu respeito. Esses homens são fanáticos que gritam, são oportunistas que se enfileiram ao lado dos fortes, são tímidos que se calam e deixam as coisas correr, para não falar da populaça que grita o que lhe ensinam os seus chefes. Nesta tragédia há só um homem: Cristo, que, com

---

9   J. Pieper, *op. cit.*, p. 203.

10   Cf. *Ibidem*, p. 202.

a sua elevada estatura moral, domina todos aqueles pigmeus. *Ecce Homo*: eis o Homem!

«O Sinédrio reuniu a aristocracia de Israel; a ortodoxia dos fariseus alia-se à habilidade política dos saduceus [...]. Não aviltam a dignidade humana estes juízes de má-fé, que saciam o rancor do seu orgulho ferido sob o pretexto de vingarem os direitos de Deus? O "homem" é aquele que, desprezando essas falsidades, os receberá no tribunal da justiça suprema. Jesus Cristo, esse é o Homem.

«Poderemos dar este nome ao tetrarca Herodes, o inevitável personagem ridículo de todos os dramas, esse Herodes que se quer gabar de ter visto Cristo fazer um milagre na sua presença? [...] O homem digno desse título não é o trocista que ri das coisas santas, o pedante da reunião pública, que concede a Deus dez minutos para que prove a sua existência, mas aquele que tem força para se calar perante o insulto e a injúria. Esse é o Homem.

«Que dizer de Pôncio Pilatos, menos culpado do que Caifás (Jesus declarou-o), mas o mais triste espécime da covardia? [...] Espera salvar a honra com um gesto teatral e linguagem bombástica; põe a salvo a sua responsabilidade lavando as mãos perante a multidão: "Eu não quis isto"; é a clássica desculpa dos covardes. Olhai para ele, à varanda do pretório: o procurador incapaz de enfrentar a revolta e que faz de príncipe desinteressado; e perto dele, Cristo, banhado em sangue, com o rosto inchado pelas bofetadas, a cabeça sulcada por um diadema de espinhos, os pulsos atados. *Ecce Homo*! Sim, esse é o Homem. E não o outro.

«E onde estão aqueles que tanto o amavam? Desorientados com a prisão do Mestre, os discípulos fugiram. Não houve ninguém que viesse defendê-lo [...]. Naquele dia único da Sexta-Feira Santa, houve apenas um que defendeu o homem e salvaguardou a sua dignidade. *Ecce Homo*, eis o verdadeiro Homem, tal como Deus o concebeu — podemos dizê-lo sem rodeios —, tal como ambicionamos ser, tal como seremos, se soubermos seguir Cristo até à Cruz»[11].

---

11 Georges Chevrot, *O sermão da montanha*, Quadrante, São Paulo, 1988, pp. 164-166.

A fortaleza nos braços

Os braços representam a ação motora. O pensar e o querer aperfeiçoam-se na ação, na prática. É neste terreno que se pode aplicar de maneira mais direta a parábola evangélica: *Aquele que escuta as minhas palavras e as põe em prática será como o varão prudente que edificou a sua casa sobre rocha. Caiu a chuva, transbordaram os rios, sopraram os ventos e investiram contra aquela casa, mas ela não desabou porque estava construída sobre rocha. Mas aquele que escuta estas minhas palavras e não as põe em prática é semelhante ao insensato que edificou a sua casa sobre areia. Caiu a chuva, transbordaram os rios, sopraram os ventos e investiram contra aquela casa, e ela desabou e foi grande a sua ruína* (Mt 7, 24-27).

A teoria e a prática

A efetivação prática é o verdadeiro teste que mede a força das ideias e dos sentimentos. A prática eficaz é a que supera a longa distância que existe entre o projeto e a sua realização, entre a cabeça e o braço.

A efetiva concretização dos projetos exige que se superem sérios obstáculos subjetivos — como a apatia, a preguiça e o medo — e grandes obstáculos objetivos — como as contradições, a falta de meios, os perigos e a oposição alheia.

Por isso, a força e a fraqueza dos projetos medem--se precisamente pela capacidade ou incapacidade de ultrapassar todas essas dificuldades: um homem que não saiba levar à prática os seus desejos é um homem fraco. Dizia o pintor francês Delacroix que «a pintura fraca é a pintura de um fraco»[12]. Os fracos resultados de uma tarefa são os resultados de um fraco; a obra literária fraca, a pesquisa científica fraca, o empreendimento industrial fraco são a expressão do trabalho de um fraco...

Este diagnóstico parece excessivamente cruel, mas é ao mesmo tempo extremamente exato. É o próprio Evangelho que nos adverte: *Operibus credite* (Jo 40, 38), acreditai nas obras. E noutro lugar: *Pelos frutos os conhecereis* (Mt 7, 16).

Queremos conhecer o valor de uma personalidade? Observemos as suas obras e não as suas palavras; reparemos na sua eficácia e não nos seus discursos; meçamos a sua efetiva doação e não as suas emoções; investiguemos as concretizações e não os projetos. Quantos há que se embriagam com ideias fantásticas, com sentimentos vibrantes, e terminam demonstrando com a sua ineficiência a fraqueza da sua personalidade.

---

12   Cf. I. Lassaigne, *Eugenio Delacroix*, Madri, 1950, p. 64.

Que pensaríamos de um magnífico bombeiro, brilhantemente uniformizado, que não soubesse apagar o fogo? Que diríamos de um pescador, completamente equipado, que nunca tivesse pescado um peixe? E que juízo faríamos de um militar que se empolgasse com hinos patrióticos e fugisse ao zunir da primeira bala?

Recordo a minha fugaz passagem pela vida militar. Os universitários prestávamos um serviço especial. Durante as férias, realizávamos cursos intensivos que não duravam menos de seis meses, vividos em acampamentos no meio do mato. Depois de provas difíceis, lá chegava o dia em que conseguíamos a duras penas as nossas estrelas de oficial. Logo após, tínhamos que fazer seis meses de práticas no quartel como «oficiais de complemento».

Lembro-me muito bem da nossa situação. Chegamos àquele imenso Quartel de «São Quintin» uma dúzia de «oficiais de complemento». Acabávamos de concluir o nosso curso universitário e o que todos desejávamos era começar a trabalhar profissionalmente. Ainda que o exército teimasse em chamar-nos «voluntários», a verdade é que a todos nos faltava «vontade». De «voluntários» tínhamos pouco, a não ser um rapaz, economista, que impressionava pelo seu entusiasmo.

Conhecia de cor o regulamento, empolgava-se com as marchas militares, chamava a atenção quando comandava a tropa. Pela galhardia dos seus movimentos, pela potência da sua voz, pelas suas botas altas e saltos superdimensionados — era baixo de estatura —, parecia um autêntico «Napoleãozinho». Apresentava-se sempre fardado, mesmo quando não era necessário. E dizia: «Nunca tiro a farda, vou pela rua com as minhas estrelas de oficial, os meus botões dourados, as minhas botas lustradas e especialmente com a minha "pistolona" bem à vista..., e todas as garotas olhando para mim...» Desde então começamos a chamá-lo *Pistolim*.

No fim dos seis meses de prática, tivemos a prova definitiva. Se não a vencêssemos, podíamos ter de voltar a fazer outro estágio de seis meses como «voluntários». Tratava-se de um exercício de tática militar com fogo real.

Estávamos, pois, um belo dia, rastejando morro acima para tomar a posição «inimiga» quando, de repente, a aviação, a artilharia pesada, os morteiros dos «amigos» começaram a despejar sobre nós a sua carga mortífera. Era uma loucura. E eu pensava: «Estão exagerando; podemos morrer na empreitada». Mas eis que subitamente ouvimos a voz irritada do general que, de binóculos, supervisionava a operação: «Onde se meteu a companhia que tem que atacar pelo flanco esquerdo?!» Era a companhia do *Pistolim*.

Já me via outros seis meses trancado no quartel como «voluntário». Essa visão deu-me coragem suficiente para deslizar até o lugar onde o *Pistolim* e os seus soldados deveriam estar: nada! A voz do general chegava a um nível apoplético. Procura aqui, procura acolá... e nada! Cento e vinte soldados com o seu oficial tinham sumido do mapa!... Por fim, depois de várias tentativas, pude enxergar o *Pistolim* e os seus soldados, camuflados numa depressão do terreno atrás de um mato fechado.

— «Mas que estão vocês fazendo aqui?», perguntei.

O EIXO DA PERSONALIDADE

— «O quê?» — respondeu o *Pistolim*, tremendo de medo —. «Não vê que nos estamos protegendo? Isto é demais! Estamos brincando de guerra, mas você leva um tiro e morre exatamente como se estivesse na batalha de Waterloo! Eu não quero morrer; eu não quero morrer!...»

O pânico manifestava-se em sua voz, em seu olhar... O *Pistolim* estava literalmente morto de medo... Naquele momento percebi toda a fraqueza do meu pobre colega. O *Pistolim* era um covarde. Tive de utilizar a culatra do fuzil para tirá-lo do esconderijo...

A sua atitude é agora, para mim, um símbolo da fraqueza. O galhardo soldado, o militar de caserna que se entusiasmava comandando a sua companhia, que chorava de emoção nos desfiles, ao compasso das marchas militares..., era um covarde! Eu nunca iria ao *front* com indivíduos como o *Pistolim*.

Que distância existe entre a cabeça, o coração e os braços! Quantos se perdem e se desviam nesse longo percurso! Quanta fraqueza esvazia e dilui projetos e sentimentos aparentemente tão firmes! Quantos cristãos de sacristia claudicam na rua, medrosos, ao experimentarem o primeiro cheiro de pólvora!

Às vezes, vendo certas pessoas tão entusiasmadas no fim de uma reunião de formação cristã, de um período de reflexão, e pouco tempo depois já indecisas, vacilantes e desanimadas, sinto aflorar-me aos lábios um nome que a duras penas consigo reprimir: *Pistolim!* Sim, são como o *Pistolim!*

Eu não vim trazer a paz, mas a guerra (Mt 10, 34), diz o Senhor. Mil entusiasmos fervorosos não valem um miligrama de luta real, de concretização efetiva. Se esta falta, é porque sem dúvida falta fortaleza.

A personalidade forte é sempre eficiente. Não vive de sonhos intelectuais, nem dos fogos de artifício de um sentimentalismo piegas. Sabe levar ao campo das realizações práticas, com braços de ferro, os seus ideais. Sempre disposto a agir hoje e agora, vivendo o inexorável realismo do dia a dia, sabe plasmar na vida cotidiana, prosaica, pesada, monótona, o ideal da sua juventude.

Projetar ideais, formular propósitos empolgantes e não os realizar não é menos do que aviltar o que em nós subsiste de mais nobre: a sinceridade de vida, a coerência. Nada deforma tanto a consciência como fazer propósitos e, por fraqueza, não os cumprir.

As contrariedades

As contrariedades representam muitas vezes o *álibi* que nos aquieta a consciência. Pensamos: quando concebi aquele ideal, quando formulei aquele propósito, eram outras as circunstâncias; agora, na situação em que me encontro, já não tenho condições de levá-lo a cabo.

Isto é um engano. Todo homem maduro sabe que as contrariedades são algo habitual na vida de todos nós; as dificuldades, um patrimônio comum. É aí precisamente que se encontra a verdadeira prova da nossa fortaleza. O que para os fracos é uma barragem intransponível, para os fortes representa um desafio, um estímulo que os mete em brios e acaba por levá-los à grandeza de espírito e das obras. Como diz Victor

Frankl, «a vida só adquire forma e figura com as marteladas que o destino lhe dá quando o sofrimento a põe ao rubro»[13].

As dores, as doenças, a falta de meios, as incompreensões, injustiças e invejas, desanimam os pusilânimes e tornam ainda mais ardorosos os magnânimos: os primeiros perdem a perspectiva da vida; como geleia, excessivamente sensíveis a qualquer pressão exterior, derretem-se ante a menor oposição, afogando-se num copo de água; os segundos agigantam-se diante dos obstáculos, e levam-nos de vencida, pulverizando as dificuldades: são como a broca duríssima de diamante que perfura a rocha.

Eis por que uma das características típicas da fraqueza humana é a dramatização. Aumenta-se com a imaginação o contratempo para justificar a própria debilidade.

Lembro-me de um conhecido meu cuja tônica geral era o queixume; vivia habitualmente a choramingar. Tudo para ele era difícil. Convidei-o um dia a fazer uma excursão no domingo seguinte. — «Não poderei ir», respondeu-me. — «Por quê?...» — «Tenho de estudar.» — «Mas faltam ainda quatro dias para a prova, estude antes.» — «É que no domingo vai chover.» — «Mas as previsões meteorológicas são ótimas...» — «Acho que neste fim de semana estarei com dor de cabeça...» — «Mas isso é uma bobagem... Quem pode prever uma dor de cabeça?» — «Nisso você tem razão... Bem, a verdade é que aos domingos não gosto

---

13   V. Frankl, *Psicoterapia e sentido da vida*, 6ª ed., Quadrante, São Paulo, 2016, p. 198.

de me levantar cedo...» Essa era a verdadeira razão. Era um fraco. As dificuldades, a sua máscara.

Como contraste, recordo-me da atitude de um professor, extremamente considerado, colega de Universidade. Sempre estava bem disposto. Para ele, não havia dificuldades. Um pouco em cima da hora, propus-me convidá-lo a dar uma conferência no dia seguinte, num centro universitário. Encontrei-o no corredor da Universidade. Vinha com o nariz vermelho e uma tosse bem forte. — «Sei que o senhor me estava procurando para alguma coisa» —, disse-me ele. — «Sim, mas nas condições em que se encontra, não me atrevo sequer a fazer o convite...» — «Pode falar...» Expliquei-lhe de que se tratava. — «Ótimo, conte comigo.» — «Mas o senhor deveria estar agora na cama e não se levantar durante uma semana inteira. Está até com febre, não está?» — «Não sei se tenho febre; nunca uso o termômetro. Gripe para mim é pieguice. Não lhe dou confiança. Conte comigo. Amanhã às nove da noite estarei pontualmente à sua disposição».

Era um verdadeiro trator..., transpirava força. E o mais interessante é que fisicamente não valia nada; era fraquíssimo.

Se queremos ser fortes, temos que nos acostumar a «não dar confiança», a *não dar satisfação* aos pequenos e grandes incômodos: ao cansaço, às insônias, às depressões físicas e psíquicas, às dores de cabeça, ao frio, ao calor, às vigílias imprevistas, à temperatura da água... Quem pode falar de fortaleza quando é incapaz de se levantar na hora ou de tomar banho frio?

Os fracos acabam por tornar-se *hipocondríacos*. Prestam excessiva atenção às suas mazelas. Parece que andam sempre apalpando-se: «Estarei bem?; como está a minha garganta, o meu estômago?; parece que estou sentindo uma certa opressão no peito: será uma ameaça de enfarte?...» À medida que concentram a atenção em si próprios, vão tornando reais, sem o pretenderem, as doenças imaginárias. A preocupação psíquica atrai a doença física. Pense muito nas dificuldades, e elas acabarão por chegar; concentre-se nas suas dores, e elas irão aumentando; pondere frequentemente o peso da sua cruz, e ela se tornará insuportável. A fraqueza cultivada ensina-nos que noventa por cento das nossas angústias vitais são imaginárias.

O homem fraco, além de fazer uma hábil propaganda dos muitos trabalhos e dificuldades que encontra, costuma encher o seu ânimo de ansiedades. Como todo o ser humano, não está desprovido de ambições. Deseja realizar grandes coisas, mas, como lhe falta decisão, sempre anda com a cabeça dando voltas a mil preocupações...: «Não terei tempo, não disporei dos meios oportunos, vai ser muito difícil»...

O homem forte passa da preocupação para a ocupação. Mas, para isso, tem que tirar o prefixo *pre*, que também antecede uma outra palavra característica: *preguiça*. Ansiedade, preocupação — dificuldades inventadas —, preguiça e moleza são palavras que andam juntas. Por isso a Sagrada Escritura tem dois pensamentos correlatos, muito apropriados: *O preguiçoso é comido pela ansiedade...* e sempre diz: *Há um leão no meio do caminho* (Pr 26, 13).

As dificuldades, dilatadas pela moleza, justificam a apatia; e a esterilidade que esta provoca aumenta a ansiedade.

Os adiamentos e a falta de acabamento

Nesta linha de ideias, entendem-se perfeitamente dois defeitos típicos do homem fraco: os *adiamentos*, à hora de começar, e *a falta de acabamento*, à hora de terminar.

A pontualidade exige disciplina, superação da moleza. Por isso o homem habitualmente impontual evidencia de um modo gritante a sua falta de fortaleza. Um ponto de *Caminho*[14] fala do *minuto heroico* na hora de levantar, mas na realidade o dia todo deve estar cheio de *minutos heroicos*.

Lembro-me de que um dia vi na agenda de um engenheiro, diretor de uma empresa importante, um sinal estranho, uma espécie de Z maiúsculo, de grande tamanho. Quando lhe perguntei o que significava, respondeu-me que era a letra grega Sigma, o sinal matemático da soma. Diante do meu olhar perplexo, acrescentou: «Coloco-o sempre na agenda bem à minha frente para recordar continuamente que *a vida é uma soma de minutos heroicos...*» Esse é o ritmo da vida de um homem forte: fazer o que deve em cada momento e estar no que faz[15] com toda a intensidade.

O homem fraco vive de concessões. Utiliza com frequência o *depois* e o *amanhã*. A sua consciência não

---

14 Josemaria Escrivá, *Caminho*, 11ª ed., Quadrante, São Paulo, 2016, n. 206.

15 *Ibidem*, n. 815.

lhe permite dizer *não*, mas a sua moleza impede-o de dizer *sim, agora...* É tão aconchegante enganar-se com o *amanhã*! E amanhã voltará a dizer: «amanhã». Há homens que inventaram um neologismo: o verbo *amanhar*. Estão sempre *amanhando*, com extrema habilidade, com verdadeira *manha...* E isso impede-os de formular o *hoje* e o *agora*, que são as palavras que um homem eficiente sabe pronunciar.

Impressiona neste sentido a atitude decidida desses homens de Deus que nunca adiam uma tarefa por causa das dificuldades. Em certa ocasião, Santo Inácio de Loyola tinha que empreender uma viagem a Alvito, em Nápoles, e no momento da partida começou uma forte tempestade. Tentaram convencê-lo a adiar a viagem para o dia seguinte. A resposta do Santo é para ser tomada em consideração: «Há trinta anos que nada me faz adiar por um instante sequer aquilo que julgo dever fazer para o serviço e a glória de Deus».. E partiu sem dar maior importância ao vento impetuoso e à chuva que caía torrencialmente[16].

Assim procedem os homens fortes.

A facilidade que os fracos têm para adiar faz-se acompanhar pelo costume de *não acabar*.

Acabar, concluir, representa esforço. É nos últimos metros que separam o alpinista do cume que a superação do cansaço se torna heroica. Mas também são esses metros que o separam da glória. No fim está a eficácia. É na última volta do parafuso, a mais custosa de dar, que ele segura com mais força a peça de jun-

---

16   J. M. S. Daurignac, *Santo Ignacio de Loiola*, 4ª ed., Livraria Apostolado da Imprensa, Porto, 1958, p. 324.

ção. Quantas vidas são como esses parafusos que, ao chegarem ao fim, pulam para fora: estão empenados, não servem para nada!

No fim da vida de Cristo está a Cruz, a imolação total. Morre dizendo: *Consummatum est*: «tudo está consumado» (Jo 19, 30), tudo está acabado, plenificado. Depois vem a glória da Ressurreição. Na vida de um cristão, o acabamento da perfeição passa pela cruz: finalizar tudo é o que mais custa. Mas a cruz é o pressuposto da glória e da eficácia redentora.

Como vivemos o nosso horário no cumprimento do dever? Começamos e terminamos na hora? Sabemos colocar com heroísmo as últimas pedras? Na resposta a estas perguntas encontra-se muitas vezes o critério para avaliarmos a nossa fortaleza.

A rijeza no trabalho

Com esse referencial podemos muitas vezes medir também o valor cristão do nosso trabalho.

Muitos homens que não vivem a vida cristã são exemplarmente trabalhadores. Trabalham muitas horas por dia, esforçadamente. E fazem-no apenas para subir na escala social ou para obter a glória, o poder e o dinheiro. Nós, se queremos imitar Cristo — que trabalhou com perfeição durante os longos anos da sua vida oculta, num trabalho monótono e pesado —, que argumentos teríamos para falar a esses homens de uma santidade conseguida no trabalho? Não nos poderiam perguntar: «Você, ensinar-me a mim? Você que se queixa por ter estudado quatro horas seguidas? Você que se larga na poltrona quando volta do trabalho pensando que fez algo de heroico? Esse é o exemplo que oferece um cristão?... Para fazer o que você faz, não é necessário invocar o exemplo de Cristo; basta cumprir honestamente o dever que incumbe a cada um».

Temos de compreender que, para seguir o exemplo de Cristo, é necessário acrescentar um coeficiente de rijeza e de resistência que esteja acima da média; uma rijeza que saiba encarar com naturalidade e júbilo o duro trabalho de cada dia.

Quantas pessoas me ensinaram a viver essa rijeza! Lembro-me do Zequinha. Estudava e trabalhava. Morava em São Miguel Paulista, região distante da cidade de São Paulo. Levantava-se às quatro e meia da manhã. Trabalhava como torneiro mecânico até as seis da tarde. Um trabalho pesado, às vezes esgotante. Às sete da noite entrava na escola e ia deitar-se depois da meia-noite. O que chamava a atenção naquele rapaz não era a sua resistência; era a sua alegria. Quando aos sábados, depois de uma palestra de formação a que comparecia pontualmente, nos reuníamos descontraidamente, era ele que pegava no violão e cantava com a maior disposição, e, quando as pessoas começavam a retirar-se, era ele que, com verdadeiro espírito de serviço, arrumava a sala e fechava as janelas..., sempre com um sorriso nos lábios.

Quando quis conhecer o segredo da sua alegre rijeza, disse-me como quem não dava àquilo a menor importância: «Não estou fazendo nada de mais. É só olhar um crucifixo para perceber que o que a gente está fazendo é brincadeira».

A atitude animosa e sorridente no meio de um trabalho duro e esgotante é sinal claro de fortaleza. Diz-nos a Sagrada Escritura: *Servite Domino in laetitia* (Sl 99, 2), *servi o Senhor com alegria*. Para um cristão, perder a alegria é algo sério, grave. Uma das diferenças mais radicais entre os que vivem perto de Cristo e os que não vivem é precisamente esta: diante das cargas do trabalho, estes acabrunham-se e aqueles alegram-se por poderem participar um pouco da Cruz do Senhor.

Se seguissem o exemplo dos milhares de Zequinhas que vivem numa cidade grande, provavelmente muitas mães de família, muitos estudantes e profissionais que andam continuamente a queixar-se de excesso de trabalho, assumiriam uma atitude diferente.

OS MEIOS

A fortaleza, hoje

Ainda que pareça reiterativo, é preciso voltar a insistir na ideia de que a fortaleza é indispensável para se viver dignamente. E isto precisamente em face das circunstâncias atuais, que não apenas nos rodeiam, mas em muitos casos nos assaltam, nos invadem. Talvez em nenhuma outra época histórica a virtude da fortaleza se tenha mostrado tão necessária como na nossa. Vivemos a um ritmo acelerado. Somos urgidos continuamente a tomar decisões importantes. A trepidação, a velocidade, a insegurança nas ruas, os perigos do trânsito, a mudança vertiginosa de situações e tantas outras coisas exigem de nós um forte equilíbrio psicológico.

Por outro lado, a perda generalizada dos valores humanos básicos, o permissivismo hedonista, o materialismo teórico e prático, a instabilidade gritante do matrimônio e o desabamento da estrutura familiar reclamam uma forte estrutura moral que resista a essa avalanche de correntes desumanizadas que tudo quer levar de roldão.

A mulher que valoriza a sua intimidade e o respeito devido ao seu pudor precisa, hoje mais do que nunca, de uma fortaleza moral à toda prova; como necessita dela qualquer homem que queira manter-se firme ante os apelos da pornografia que nos assaltam em qualquer esquina, em qualquer meio de comunicação; e o magistrado e o funcionário para não claudicarem perante a fácil tentação do suborno; e o político para enfrentar uma corrupção que invade a vida pública por todos os flancos; e o comerciante e o industrial para se limitarem a uma margem de lucro honesta nas suas transações econômicas; e os jovens para levarem uma vida limpa num ambiente de drogas e de sexo brutal.

Em todas as situações históricas e geográficas — não apenas na nossa época —, sejam quais forem o estado e as condições de vida, a fortaleza é um requisito insubstituível para se manter a dignidade humana e cristã. Pensemos que, para se viver a fidelidade conjugal; para cumprirmos com exatidão o dever estafante do dia a dia; para sermos sinceros conosco próprios, com os outros e com Deus, evitando a covardia da mentira e a fraqueza da duplicidade; para vivermos sacrificadamente o esquecimento próprio e o espírito de serviço exigido pela caridade cristã; para permanecermos firmes na fé, navegando contra a corrente; para sofrermos em silêncio, com paciência e mansidão, as contrariedades, as incompreensões e as injustiças, a pobreza, a doença e a dor..., para tudo isso e para muito mais nos é necessária — como o ar que respiramos — a virtude da fortaleza.

A vivência contínua da virtude da fortaleza, em todos estes aspectos, torna-se, no entanto, indispensável num sentido muito concreto: vai-nos preparando progressivamente para podermos resistir aos grandes embates ou às situações difíceis que, por vezes, a vida nos reserva. Há, porventura, nessas situações, dois ou três momentos em que temos que ser heroicos: ou somos heroicos ou não conseguiremos evitar o desmoronamento total. Mas esta fortaleza suprema, extraordinária, só se consegue por meio dessa outra vivência contínua da fortaleza comum, ordinária, que pouco a pouco vamos adquirindo no nosso viver diário.

Até que chega uma circunstância em que ela se torna irrecusável: o momento em que nos assaltam as crises existenciais e, por fim, as angústias da morte próxima. Porque, em conclusão, todas as depressões, todas as frustrações, todos os temores e apreensões, todas as nostalgias e solidões são como um pressentimento, como uma ressonância antecipada da morte.

É então que a fortaleza demonstra a sua verdadeira consistência e o seu caráter insubstituível. Quantas pessoas que parecem fortes se sentem de repente no ar, apavoradas, perdidas, quando uma circunstância qualquer desmascara os convencionalismos enganosos — as mentiras dissimuladas — em que estão instaladas, e se encontram diante de uma vida sem sentido ou de uma morte sem eternidade.

«A mais grave e profunda de todas as feridas — escreve Pieper — é a morte. Até as feridas não mortais são imagens da morte. Vislumbramos como que um reflexo dela. Por isso a fortaleza está sempre referida à morte, para a qual nem por um instante deixa de olhar de frente. Ser forte é, no fundo, estar disposto a morrer»[1]; estar bem disposto, serenamente disposto a morrer.

---

1   J. Pieper, *op. cit.*, pp. 184-185.

Uma *filosofia de vida* que não nos leve a essa segurança é uma *filosofia de morte*: uma filosofia angustiante, vacilante, enfraquecedora.

Quando enxergamos de alguma maneira a morte no horizonte do nosso futuro — nessas horas de extrema fraqueza, de depressão física ou psíquica, nesses momentos de crise existencial —, sentimos no mais fundo da alma a necessidade de um suporte fundamental mais forte que os abalos da vida e os temores da morte.

E esse suporte fundamental é a fé.

Se não existe uma convicção, uma certeza profunda da realidade próxima, íntima, de um Deus Criador, de um Deus Salvador, vencedor da morte e perpetuador da vida, o homem sente no mais profundo da alma que é simplesmente um projeto de existência absurdo, destinado à desintegração total. E o instinto de conservação — que é instinto de eternidade — revolta-se em forma de ansiedade ou de angústia.

A fé, pelo contrário, é como uma ponte entre o tempo e a eternidade. Uma ponte segura que dilata a vida e a perpetua.

Os meios

Por esta razão, os meios para se conseguir a fortaleza devem encaminhar-se em primeiro lugar para o robustecimento da fé.

Não é a mesma coisa ter uma *suspeita* de fé ou uma *certeza* de fé. É necessário que repassemos a vida de Cristo, que nos detenhamos nos seus extraordinários milagres — garantias fidedignas da autenticidade da sua vida divina —; que percorramos a história da Igreja, as maravilhas vividas ao longo dos séculos por esses homens de Deus que chamamos Santos; que constatemos as misericórdias do Senhor e de Maria, sua Mãe, estampadas em todas as épocas e em todos os lugares... É necessário, em última instância, que aprofundemos nas verdades da fé, que nos deixemos impregnar por elas, para adquirir essa segurança e essa certeza que só uma fé inquebrantável pode comunicar.

É uma pena ver tantos cristãos vacilantes e indecisos na fé. Talvez o estudo das verdades cristãs tenha ficado para eles estacionado num nível primário, enquanto a personalidade foi amadurecendo e os conhecimentos científicos e culturais se foram elevando até um nível superior, criando assim, porventura, um desequilíbrio entre a capacidade intelectual que atingiram e o caráter elementar da sua formação cristã. Este fenômeno costuma provocar o que alguns chamam «dúvidas de fé» e que, na realidade, deveriam chamar-se *dúvidas de ignorância*.

A honestidade intelectual e a coerência de vida exigem um aprofundamento que revigore a fé. O micróbio da dúvida não se pode instalar no núcleo das nossas convicções fundamentais. A fé tem que se tornar inabalável. E ela, por sua vez, tornará inabalável a nossa personalidade.

Mas uma fé isolada da vida não é suficiente. A fé tem que ser operativa. Mais ainda, a fé — como todas as virtudes — tem que se apoiar numa estrutura humana estável, consistente.

Um princípio fundamental da teologia católica diz-nos que a graça não destrói a natureza, antes a aperfeiçoa. Isto é: Deus não dispensa o nosso esforço humano, mas complementa-o. É frequente haver pessoas que se deixam enganar por um «espiritualismo» beato, carola. Pensam: Deus ajudará, não temos razão para nos inquietarmos; vamos confiar, vamos deixar que a fé atue. Esquecem-se da sabedoria do velho ditado cristão: «Ajuda-te e Deus te ajudará», que se fundamenta naquele princípio teológico enunciado por Santo Agostinho: «Deus, que te criou sem ti, não te salvará sem ti»[2]. Não nos esqueçamos de que existe uma profunda diferença entre o verdadeiro abandono à vontade de Deus e o «quietismo» herético[3] que simplesmente canoniza a apatia e o desleixo. A carolice é, com frequência, simples *moleza*.

É certo que muitos problemas humanos são problemas espirituais. Quantas situações de depressão humana são o resultado de uma falta de sentido espiritual para a vida! Mas, com a mesma convicção, diríamos que muitos problemas espirituais são problemas humanos: não se progride na aquisição das virtudes próprias do cristão simplesmente porque falta caráter, porque falta empenho, luta verdadeira.

A fé necessita, pois, de um forte hábito operativo, que reclama, por sua vez, uma luta séria, empenhada. Vejamos um possível roteiro dos principais pontos em torno dos quais se deve travar essa luta.

A matéria concreta da nossa luta

A virtude da fortaleza abrange praticamente todo o comportamento humano. Percorre, de cima a baixo,

---

2   *Qui creavit te sine te, non justificabit te sine te*; Santo Agostinho, *Sermo 15*, 1.

3   Cf. R. Garrigou-Lagrange, *op. cit.*, p. 859 e seguintes.

aquelas três grandes dimensões da personalidade humana a que já fizemos referência: a *cabeça*, o *coração* e os *braços*. Vamos repassá-la, pormenorizando um pouco mais as situações e os meios de luta que a vida diária nos oferece.

Começa pela *cabeça*, pelas convicções. Repitamo-lo: temos que nos acostumar a delimitar as ideias, a torná-las fortes. É o primeiro aspecto — a fonte originária — do que se chama *caráter*. A origem etimológica grega dessa palavra relaciona-se com o sinal profundamente marcado em grandes pedras que delimitavam as fronteiras de cada país. Pois bem, temos de exigir que a nossa cabeça marque as fronteiras do sim e do não, do «quero» e do «não quero», da verdade e da mentira, do certo e do errado. Não nos podemos contentar com ambiguidades. O «mais ou menos», neste terreno, é sinal de fraqueza, como é sinal de fortaleza a definição e a vivência da verdade.

Não querer olhar para a verdade; contorná-la inventando teorias que favorecem o comodismo pessoal e o interesse próprio; tomar atitudes equívocas para evitar os perigos; dizer meias verdades por medo ou vergonha — são sintomas de falta de caráter. É preciso fitar a verdade de frente, não conviver com situações crepusculares, não enfeitar as coisas com palavrórios e teatralidades. As palavras devem ser o veículo da verdade, não um biombo para ocultá-la. Quem se acostuma a dizer três quartos da verdade dirá depois apenas a metade, e, no fim, terminará simplesmente mentindo.

Ser forte é ser transparente, sem medo de dizer as coisas como são, ainda que custe sangue. Para isso é necessário exercitar-se, não permitir um gesto, uma atitude, uma palavra que tenha — nem de longe — a menor aparência de duplicidade. A princípio custa, depois converte-se em algo natural, e por fim leva a consciência a rejeitar toda a partícula de inautenticidade, como o globo ocular repele o mais pequenino grão de poeira. Finalmente, a sinceridade torna a personalidade transparente como o gelo, dura como o diamante.

O coração não foi feito para amorios, mas para amores fortes. O *sentimentalismo* é para o amor o que a caricatura é para o rosto. Alguns parecem ter o coração de *chiclete*: apegam-se a tudo. Uns olhos bonitos, uma voz meiga, um caminhar charmoso podem fazer-lhes tremer os fundamentos da fidelidade. Outros parecem inveterados novelistas. Sentem a necessidade de estar envolvidos sempre em qualquer romance, real ou imaginário, sendo eles os protagonistas, dando a impressão de que a televisão mental lhes absorve todos os pensamentos.

Precisamos educar o nosso coração para a fidelidade. Amores fortes são sempre amores fiéis. Não podemos ter um coração de bailarina. A guarda dos sentidos — especialmente o da vista — e da imaginação há de proteger-nos da inconstância sentimental, do comportamento de «beija-flor»...

E ao lado dos sentimentos aparece — mais importante do que se imagina — o capítulo dos *pressentimentos*, das apreensões, dos medos, que em muitos provoca uma insegurança doentia. Há medos para todos os gostos: medo do escuro, medo de assombração, medo de altura, medo de mergulhar na água, medo de falar em público, medo de fracassar, medo do ridículo, medo de contaminação, medo dos superiores, medo de ratos, de baratas e de cachorros, medo de assaltos, medo da solidão e do silêncio, medo de conhecer a verdade, medo de ir ao médico, medo da dor, medo da morte, medo de confessar-se, medo do julgamento de Deus...

Todo medo é uma fraqueza imprópria de um filho de Deus.

Temos que adquirir o costume de nos dirigirmos diretamente para o foco de onde parte o medo, encará-lo e vencê-lo. Lembro-me do que me dizia um rapaz: «A primeira vez que subi ao trampolim mais alto da piscina, tive medo. E desci. Subi várias vezes, e desisti. Até que disse de mim para mim: Você é um covarde. E lancei-me. Foi ótimo. Fiquei tão contente, que repeti a operação dez vezes seguidas. Acabava de vencer o medo. Depois apliquei essa experiência a outras circunstâncias. Por exemplo, quando sentia timidez diante de uma pessoa desconhecida, estendia-lhe imediatamente a mão, dizia o meu nome e perguntava-lhe o dela. Quando dizia: "Prazer em conhecê-lo", parecia que me sentia superior. O mesmo comecei a fazer na aula. Logo que sentia vontade de fazer uma pergunta ao professor, vencia a minha natural inibição e levantava a mão. A experiência do trampolim foi definitiva para mim».

Muitas vezes tudo começa por um propósito, por uma *determinação*: pular do trampolim. Mas a determinação tem que ser forte; não podemos querer pela metade. Já bastam as muitas dificuldades externas que encontraremos na realização dos nossos propósitos para permitir que outras dificuldades interiores entrem no íntimo da nossa determinação: o querer não pode abrir espaços para os estados de ânimo dubitativos ou problemáticos. Tem que ser límpido.

Tive um amigo no colégio que dizia frequentemente coisas como estas: «Estou quase decidido... Talvez abrace tal profissão... Não sei se gosto daquela garota...» Era inteligente. Tinha tudo para triunfar. Hoje é um fracassado. Queria sempre pela metade. Era um fraco. O querer tem que ser pleno. A todas as facetas da vida humana são aplicáveis aquelas palavras de Teresa de Ávila: «Importa muito — mais ainda, tudo — *uma grande e mui determinada determinação* de não parar até chegar (à meta), venha o que vier, aconteça o que acontecer, trabalhe-se o que se trabalhar, murmure quem murmurar, ainda que se morra no caminho, ainda que se afunde o mundo»[4].

É assim que se forjam os homens fortes; é com essa estrutura de caráter que, diante de uma montanha de obstáculos, se saberá gritar como Napoleão, ao encarar a cordilheira que barrava a marcha dos seus exércitos: «Abaixo os Alpes!»[5] Não há força humana que dobre uma vontade de ferro: nem as ameaças, nem as seduções. Se for necessário, morre-se mártir. Mas não se claudica.

Para se chegar a essa colossal energia moral, são necessárias muitas pequenas vitórias, que ultrapassam as cômodas concessões à moleza e ao comodismo; muitas

---

4   Santa Teresa, *Camino de perfección*, 21, 2.

5   Cf. A. Royo Marin, *Teología de la perfección cristiana*, BAC, Madri, 1968, p. 763.

fidelidades diárias; milhares de diminutos sacrifícios. Esse exercício vai robustecendo o *querer* no que parece fácil para depois *poder* no que parece intransponível, como a cordilheira dos Alpes.

Quanto dá que pensar, em sentido inverso, aquele ponto de *Caminho*: «"Não pudeste" vencer nas coisas grandes, porque "não quiseste" vencer nas coisas pequenas!»[6]

Mas é talvez na terceira dimensão da personalidade humana — *os braços*, a ação motora — que parece mais importante conseguir o hábito da fortaleza.

As contrariedades internas e externas avolumam-se diante de nós e é necessário que potenciemos a nossa capacidade de luta para superá-las, como o atleta vigoriza os seus músculos para lançar o corpo por cima da marca que deve ser batida.

Para isso importa muito negar à sensualidade e à preguiça o que nos pedem continuamente: conforto, comodidades, divertimentos, satisfações, vida folgada isenta de sacrifício... Tudo isto enfraquece-nos moral e fisicamente. Neste sentido, São João Crisóstomo compara os homens às árvores: «As árvores que crescem em lugares sombreados e livres de ventos, enquanto externamente se desenvolvem com aspectos prósperos, tornam-se moles, frágeis e quebradiças, e qualquer coisa as fere facilmente; no entanto, as que vivem no cume das montanhas mais altas, agitadas por muitos e fortes ventos, e estão constantemente expostas à intempérie e a todas as inclemências, golpeadas por

---

6   Josemaria Escrivá, *Caminho*, n. 828.

fortíssimas tempestades e cobertas de frequentes neves, tornam-se mais robustas do que o ferro»[7].

Os estudos feitos por Alexis Carrel, prêmio Nobel de Medicina, avalizados pelas experiências das últimas décadas, confirmam esta verdade. As fibras da alma enrijecem-se tanto quanto os músculos do corpo. As privações, a carência de recursos e comodidades, os empreendimentos duros, a persistência no trabalho, a sobriedade na comida, na bebida e no descanso, a disposição de enfrentar dificuldades e perigos, a falta de conforto, o sofrimento físico e moral encarado com dignidade, tornam o homem — como diz São João Crisóstomo — mais robusto do que o ferro. Pelo contrário, o excesso de comodidades, a superabundância de recursos, o conforto de uma vida regalada, a falta de esforço no exercício da profissão, com ânimo de progredir, a fuga ao sofrimento, as facilidades de quem tem tudo à disposição — os mimos e cuidados de um «filhinho de papai» — tornam o homem como a madeira quebradiça que se desfaz ao impulso de qualquer vento.

O próprio Alexis Carrel se manifesta assim textualmente: «A corrida em terreno acidentado, a ascensão das montanhas, a luta [...], os trabalhos da floresta e dos campos, ao mesmo tempo que a exposição às intempéries e uma certa rudeza de vida, produzem a harmonia dos músculos, do esqueleto, dos órgãos e da consciência [...].

«A energia moral, o equilíbrio nervoso, a resistência orgânica, aumentam nas pessoas expostas às alternâncias

---

7   São João Crisóstomo, *Homilia de gloria in tribulationibus*.

do calor e do frio, da secura e da umidade, do sol violento, da chuva, da neve, do vento e do nevoeiro...»

Os homens do século XX «perderam muitas vezes a força ancestral por não terem de lutar contra o seu meio [...]. Na maior parte dos homens civilizados manifesta-se apenas uma forma rudimentar de consciência. São capazes do trabalho fácil que, na sociedade moderna, garante o sustento do indivíduo..., mas são moles, emotivos, covardes, lascivos e violentos. Não têm senso moral, nem estético, nem religioso [...]. Degeneraram moral e mentalmente»[8].

Este severo diagnóstico pode ser comprovado com frequência na vida de muitas pessoas que nos rodeiam.

Um emigrante, que chegou ao país sem nada e trabalhou com abnegação até alcançar uma posição social e econômica elevada, dizia-me há algum tempo: — «Procuro dar ao meu filho aquilo que não tive. Ele tem carro e televisão no quarto e eu lhe dou uma boa mesada.» — «Isso não é bom» — disse-lhe eu —; «dessa forma o seu filho talvez sofra menos, mas no futuro terá mais problemas. Você não seria o homem que é hoje se não tivesse crescido no meio das privações. O seu filho não partirá do patamar em que você se encontra hoje para superá-lo. Ficará aquém, não chegará até lá».

Foi o que aconteceu. Aquele rapaz está hoje sem objetivos na vida, perdido, e acabou por envolver-se com drogas. Infelizmente, não é um caso isolado.

Às vezes, ao ver as mães, à saída dos colégios, comprando guloseimas para as suas crianças, satisfazendo-

---

8   A. Carrel, *op. cit.*, pp. 43-341.

-lhes todos os caprichos, penso: estão comprando-lhes a sua deformação. O mesmo poderíamos pensar de nós mesmos quando nos concedemos a satisfação de todas as nossas vontades: estamos processando a nossa involução, regredindo ao estado lamentável de uma criança mimada e dengosa.

A escola da rijeza

É preciso entrar na escola da rijeza, que exige o longo aprendizado de algumas matérias indispensáveis.

Aprender a sofrer. Desde crianças, os homens deveriam ser ensinados a sofrer. Não se trata de um masoquismo desvairado, mas de uma preparação necessária para que não nos amedrontemos perante a dor que em qualquer momento nos pode assaltar. Uma criança preservada das contrariedades na redoma familiar dos mimos e das concessões acabará por converter-se num homem frágil e vulnerável. Carecerá de defesas espirituais — de «anticorpos» morais —; e os micróbios do desânimo e do derrotismo poderão vir a derrubá-la em qualquer momento.

Não é verdade que é entre as pessoas que não aprenderam a sofrer que encontramos sempre as mais imaturas, as mais incapazes, essas que qualquer pequena escaramuça na batalha da vida derrota irremissivelmente? São elas, depois, as que mais sofrem.

É mister aprender a *enfrentar as dificuldades*, as contrariedades, a remar contra vento e maré, a familiarizar-se pouco a pouco com o que custa, a não deter-se diante de qualquer obstáculo... Que podemos pensar de alguém que não cumpre um compromisso porque faz frio ou está chovendo?

Quantos casos como o daquela mãe de família que, ao convidar uma amiga para uma palestra de formação cristã, recebeu a resposta de que não iria por estar fazendo mau tempo. «A boneca tem medo da chuva?» — foi a réplica. Bastou isso para que a amiga se sentisse envergonhada e acabasse por dizer: «Você tem razão, conte com a minha presença». Nós também deveríamos ouvir a nossa consciência dizer-nos frequentemente algo parecido: A «boneca» tem medo do frio? A «boneca» tem medo do cansaço?...

Bem claro é, neste sentido, aquele ponto de *Caminho*: «Vontade. — Energia. — Exemplo. — O que é preciso fazer, faz-se... Sem hesitar... Sem contemplações. Sem isso, nem Cisneros teria sido Cisneros, nem Teresa de Ahumada, Santa Teresa..., nem Iñigo de Loyola, Santo Inácio...»[9]

Fazer o que se deve, custe o que custar. Isto nos leva ao encontro de outra matéria que se cursa na escola da rijeza: *o cumprimento do dever.*

Não nos podemos contentar com o que somos, mas com o que devemos ser.

A perfeição cristã com que deve-se cumprir o dever constitui um alvo que puxa por nós, que nos atrai, que reclama de nós um determinado comportamento, às vezes heroico. O dever tem as suas exigências e os seus apelos: tu tens que ser isto, tu tens que tornar-te aquilo... Esta voz, que ouvimos no fundo da consciên-

---

9   Cf. Josemaria Escrivá, *Caminho*, n. 11.

cia — que é a voz da nossa vocação —, cria em nós o sentido da *responsabilidade*: eu tenho que *responder* à altura, não posso decepcionar Deus e os meus irmãos, os homens. E para responder a esses apelos, vamos construindo a nossa personalidade, criando muitas vezes qualidades e aptidões que não possuímos. Sacrificamo-nos, fazemos o que não nos agrada, crescemos diante dos obstáculos, «fazemos das tripas coração», por amor ao dever, que é amor a Deus e aos outros. E assim, quase sem o percebermos, vamos enrijecendo a nossa têmpera.

Poderíamos dizer: *Realiza o teu dever, e ele te realizará*. Cumpre o teu dever e ele te engrandecerá. Desta maneira, o cumprimento do dever torna-se a forja do caráter.

Quem não tem um sentido claro e nítido das exigências da sua vocação concreta será um homem sem caráter.

Marcar metas

Para determinar o campo de luta em todas estas matérias e programar o seu aprendizado, é necessário fixar metas concretas.

Delimitar os pontos de luta não significa minimizar os objetivos. Todas as metas devem ser escalonadas progressivamente até o cume. O cume faz o alpinista. Dimensiona a sua categoria. Foi o Everest que fez Hilary.

Não nos contentemos com pouco. A mediocridade e a fraqueza andam juntas, como também a fortaleza e a magnanimidade. Não podemos perder de vista que o nosso cume é mais alto do que o Everest: fomos criados para o Infinito, para Deus.

Sempre que formos impulsionados por algo maior do que nós mesmos, experimentaremos a feliz sensação de nos libertarmos do ser mesquinho que somos para voar até às alturas do ser grandioso que devemos ser.

Não devemos ter medo dos grandes ideais. Não se faz nada que valha a pena sem arriscar. Não há pior fracasso do que o fracasso dos covardes, que, para não perderem a sua segurança, ficam parados. E essa imobilidade estagna-os e apodrece-os. Quem saiba ler a história humana aprenderá esta lição: a coragem paga melhor que a covardia.

Podemos e devemos marcar metas pequenas, mas sempre com a condição de que sejam um degrau para atingir as grandes. Existem as *pequenas coisas* dos homens magnânimos, que chegam a tornar-se grandes pelo empenho e pela luta progressiva, e existem as *pequenas coisas* dos homens mesquinhos, que reduzem o grandioso a minúcias e vulgaridades.

Vejamos de forma esquemática algumas pistas que nos ajudem a determinar essas metas.

Ordem, plano de vida. Não chegaremos a atingir a rijeza de caráter sem determinar umas coordenadas espaciais e temporais que marquem o lugar, o dia e a hora do cumprimento dos nossos deveres. Um plano de vida estrito e elástico ao mesmo tempo: que não tire a liberdade, mas que fixe claramente os referenciais necessários. Sendo fiéis a um horário, superaremos essa contínua tentação de substituir o melhor pelo mais fácil. Vivendo a pontualidade, não adiando as tarefas mais antipáticas, não prolongando demasiado as mais agradáveis, fazendo, enfim, o que se deve e estando no que se faz, conseguimos pouco a pouco que a nossa natural indolência se converta num forte hábito de diligência.

Aceitar com paciência e alegria as contrariedades da jornada. Isto representa um verdadeiro treinamento. As contrariedades comuns apresentam-se todos os dias. Os atrasos, as pequenas doenças do cotidiano, as respostas inoportunas, os acidentes inesperados... tudo isto aceito, por amor de Deus, vai gradualmente enrijecendo a nossa vontade para podermos enfrentar os grandes problemas que, porventura, a vida nos venha a apresentar no futuro.

Determinar uma série de renúncias pessoais. Não esperar passivamente que se apresentem as ocasiões de nos vencermos. Sair ao encontro das oportunidades ativamente, voluntariamente. Muitos conseguiram a virtude da fortaleza acostumando-se a não escolher a poltrona mais cômoda, o prato mais apetitoso; a ser austeros nas refeições; a não petiscar qualquer guloseima entre uma refeição e outra; a rejeitar uma bebida; a não deitar-se na cama fora de hora; a não prolongar o programa de televisão excessivamente; a não ler nem olhar aquilo que não lhes convém, ainda que seja agradável etc. Quem não souber adquirir o espírito de sacrifício enfraquecerá as suas potencialidades. Não conseguirá levantar voo para as metas altas porque o comodismo e a sensualidade irão atrofiando-lhe as asas, como a águia tristemente encerrada na gaiola de um jardim zoológico.

Não se queixar. O lamuriento é um homem fraco; vai-se derretendo como manteiga entre atitudes inconformistas e tristonhas, sempre a choramingar. Poderíamos medir a fraqueza de determinado indivíduo contando o número das suas queixas. Acostumar-se a silenciar as dores. Se possível, substituir as lamentações por sorrisos.

Não ser mole. Na linguagem familiar, essa expressão é comum e bem característica: «não dar moleza». Os espaços que a moleza abre são ocupados pelo desleixo e pela preguiça. Há pessoas que procuram continuamente evitar o que é difícil. E quantas há que sofrem mais por quererem sofrer menos. Nisto está certa a frase do «irmão da estrada»: *a vida é dura para quem é mole.* Alguns dão a impressão de que só o fato de viver já é para eles um fardo excessivo. E tremem como gelatina.

Um bom propósito: habituar-se à austeridade, às inclemências climatológicas, à rudeza das privações — da fome, da sede, do cansaço —, às incomodidades.

Decidir-se. Não adiar. Os adiamentos algumas vezes são prudência; mas, quase sempre, covardia. Sentimos medo de nos decidir. Especialmente quando temos que tomar essas *decisões decisivas,* que são as mais importantes. A vida dos grandes homens foi muitas vezes determinada por um só *momento supremo.* Tiveram a coragem de «assumir». Mas esse ato categórico teve, com certeza, muitos e imperceptíveis precedentes no dia a dia. Armazena-se uma força incontrastável nas infinitas e minúsculas resoluções do cotidiano que nos dão a capacidade de assumir mais tarde essas outras *decisões realmente decisivas*.

O hábito da decisão, aliás, economiza energias. Parece que, adiando os trabalhos mais custosos, nos estamos poupando. Não é verdade. Muito pelo contrário. Estamos aumentando o peso real desse trabalho com a carga psicológica que traz a sua expectativa antipática. (Sempre pensamos: ainda tenho que fazer aquilo..., já se está aproximando o prazo inadiável...) Quando nos decidimos a fazer logo alguma tarefa pesada, depois sentimo-nos aliviados. O costume de não adiar o mais oneroso nos liberta.

Não desistir. Um propósito bem claro: o que me proponho, devo cumpri-lo. Até no que parece pequeno: marquei uma hora para me levantar? Está marcada; não posso mudá-la, consultando o travesseiro. Determinei umas horas para estudar, uma ocasião para visitar um doente, uns dias por semana para fazer exercício físico? Devo cumprir a palavra comigo mesmo. Os compromissos comigo mesmo e com os outros são iguais: palavra é palavra. Toda a nossa palavra deveria ser sempre palavra de honra: quem não cumpre a palavra desonra-se.

Enfrentar a dor e o perigo. Fugir é próprio do covarde. A cruz não acolhida torna-se duplamente pesada. Não nos evadirmos em sonhos pensando nas grandes oportunidades. Duas ou três vezes na vida poderemos, porventura, demonstrar que somos valentes, mas todos os dias podemos demonstrar que não somos covardes. Enfrentemos o medo. O medo é mais covarde do que nós. Desaparece, escapa, quando o encaramos. Decidamo-nos a não ter medo de nada. Comecemos, por exemplo, por não ter medo dos sofrimentos futuros. Abandonemo-nos em Deus.

Dizer sempre a verdade. A duplicidade é máscara. Encobrimos com ela a covardia e a vergonha de nos mostrarmos como somos. Sejamos corajosos. Arranquemos todos esses disfarces. Não permitamos que o menor sinal de inverdade apareça nos nossos gestos ou nas nossas palavras.

Não ser emotivos, sentimentalistas. Temos de fazer um trato com o coração: não atuar, não decidir nada, não dizer nada enquanto ele estiver agitado, quer pela ira, quer pela paixão ou por qualquer onda de emotividade. Mais ainda, devemos preservar o coração de tudo o que não lhe convém, embora seja agradável. E devemos acostumar-nos a evitar relacionamentos, conversas, olhares, leituras, espetáculos que possam perturbar a limpidez dos nossos sentimentos ou a fidelidade aos nossos princípios.

Ser firmes sem perder a flexibilidade. Ser firme não significa ser rígido, espartano, desencarnado. É evitar uma atitude inconsistente, melíflua, deliquescente, invertebrada, própria dos homens que vivem do «jeitinho», isto é, da «malandragem». A verdadeira firmeza é como o aço: inquebrantável e flexível como um bom florete de esgrima. Existe, sim, esse formidável «jogo de cintura» que é simplesmente habilidade no trato, *savoir-faire*, como dizem os franceses: ter para tudo esse nosso bom «jeitinho» brasileiro. O que é uma qualidade extraordinariamente útil para comunicar-se e dialogar, para evitar problemas insolúveis e discussões inúteis.... Mas existe também o jeitinho do «malandro».

Dá muito que pensar aquele ponto de *Sulco*: «Tens uma doce "malandragem" que, se a empregasses com sentido sobrenatural, te serviria para ser um cristão formidável... — Mas, tal como a usas, não passas de um formidável "malandro"»[10].

O «malandro» pensa que, com os seus trejeitos de duplicidade, com as suas respostas engenhosas, pode contornar qualquer problema e perfilar astuciosamente uma *personalidade habilidosa*, sem compreender que na realidade acaba por converter-se numa *personalidade desacreditada*. Lembro-me da *habilidade* daquele famoso ator mexicano «Cantinflas», que representava precisamente o papel do «malandro». Quando alguém lhe perguntava se concordava com determinada atitude, costumava repetir: «Pode ser que sim, pode ser que não, mas o mais provável é *quem sabe*?» Esse estar sempre «em cima do muro»; esse «tirar o corpo fora» de qualquer compromisso, deslizando «como sabonete»; esse linguajar melífluo e indefinido que a nada se compromete; essas expressões feitas de «vaselina», escorregadias e ladinas, que eludem toda a responsabilidade; essas desculpas e justificativas que ocultam a verdade; enfim, esses «jeitinhos» maus de «formidável

---

10   Josemaria Escrivá, *Sulco*, n. 536.

malandro», configuram a personalidade e o caráter debiloide de um homem sem caráter.

Ser fortes sem perder a ternura. A rijeza, quando é profunda, está unida ao carinho, à afeição, à verdadeira ternura. Uma coisa é ser rijo, e outra, ser ríspido. A rispidez — tão unida à impaciência, à rudeza no trato e à intolerância — é falta de domínio próprio, isto é, fraqueza.

Não esqueçamos que a rijeza de Jesus estava acompanhada da mais profunda ternura humana: acariciava as crianças, compadecia-se diante das lágrimas da viúva de Naim, chorava diante do sepulcro de Lázaro...

A nossa fortaleza levar-nos-á também a uma meta concreta: à simpatia, à compreensão, à benevolência, ao verdadeiro carinho, à ternura de Jesus Cristo. Poderemos ter o rosto esculpido como pedra pelas tempestades, mas o coração terá que ser sempre de carne.

Lutar

Marcar metas não basta. É preciso lutar. É forte não aquele que não experimenta fraquezas — todos nós as sentimos —, mas aquele que luta por superá-las; é corajoso não aquele que não sente medo — ninguém é um *super-homem* —, mas aquele que luta por ultrapassar a covardia.

Deus nunca nos pede o impossível; pede, sim, que façamos o possível para que depois Ele nos ajude a conseguir o que parece impossível. Temos que colaborar com todas as nossas forças; Deus nunca recompensa a apatia e a preguiça. Sem luta, não se consegue nada:

FORTALEZA

«Há alguns — diz São Gregório Magno — que querem ser humildes, mas sem serem desprezados; que querem contentar-se com o que têm, mas sem padecer necessidade; ser castos, mas sem mortificar o corpo; ser pacientes, mas sem que ninguém os ultraje; adquirir virtudes, mas recusando a luta que as virtudes trazem consigo... É como se, não querendo saber nada dos combates no campo de batalha, quisessem ganhar a guerra vivendo comodamente na cidade»[11].

Não. Para conseguir a fortaleza, é necessário combater aquele *bom combate* de que fala São Paulo (cf. 2 Tim 4, 7). «O cristão nasceu para a luta, e quanto mais encarniçada se apresenta, tanto mais segura há de ser a vitória com o auxílio de Deus»[12].

Um estudante de engenharia que costumava conversar comigo, faixa preta de caratê, foi observado nas competições universitárias por um especialista vindo do Japão, que lhe disse: «Você tem tudo para ser campeão: porte, força, técnica..., mas falta-lhe uma coisa importantíssima que em japonês se chama *Ki* e que não consigo traduzir para o português». O rapaz tentou encontrar o termo exato: — «Será coragem?» — «Não propriamente.» — «Decisão?» — «É quase isso...» — «Garra?» — «Isso! Garra! A você, falta-lhe garra!»

Para atingirmos qualquer meta humana ou espiritual, temos que lutar com *garra*. Com a *garra* com que aquela menina paralítica chegou a ser a mulher mais veloz do mundo.

---

11 São Gregório Magno, *Moralia*, 7, 28, 34.

12 Leão XIII, Enc. *Sapientiae christianae*, 10-I-1890, n. 19.

Essa palavra poderia ter uma tradução menos chamativa e mais normal: eficácia. *Garra* não é espalhafato, gritaria apoplética, esforço ciclópico; é simplesmente eficácia. São Paulo compara a vida cristã a uma disputa olímpica. O cristão tem que se esforçar mais do que o atleta comum, porque este busca uma coroa perecível, e o cristão, a eterna. E dizia o Apóstolo, ao referir-se a essa corrida para as alturas: *Esforçai-vos de tal maneira que consigais o prêmio* (1 Cor 9, 24). O que ele preconizava era precisamente a eficiência. Temos que lutar *de tal maneira*, com tal ímpeto, com tal brio, com tal *garra*, que cheguemos à meta em primeiro lugar.

A meta está no fim da vida. A luta dura a existência inteira. E para esse longo combate não bastam gestos enérgicos intermitentes, mas é necessária uma atitude habitual de fortaleza que nos faça ganhar, com o último tiro, a última batalha.

Toda a virtude é um hábito. O hábito consegue-se à base de repetição de atos feitos num mesmo sentido e direção. Isso é o que dá a capacidade, a habilidade, a boa disposição, a facilidade e o prazer na execução das ações. Observemos o processo de aprendizado de um principiante na arte de tocar piano. Os primeiros exercícios são simples, mas realizam-se com extrema dificuldade; pouco a pouco, vão aumentando em complexidade, embora se pratiquem mais facilmente. Assim, progressivamente, depois de anos de esforço, de milhares de exercícios, chega-se àquela fantástica fluidez que admira e arrebata. A inspiração atinge com a rapidez de um raio a última fibra da sensibilidade. A espontaneidade harmônica é tal que a música parece fazer parte integrante da própria natureza do artista. O hábito, com efeito, cria como que uma segunda natureza, uma outra personalidade.

Como observamos, o hábito tem as suas próprias leis de desenvolvimento: deve ser conseguido de maneira progressiva — do mais simples ao mais complexo —; reclama uma longa repetição de atos dirigidos na mesma direção; e há de exercitar-se com uma constância que supere todo o desalento. Cada ato representa, na longa corrente evolutiva, não apenas um precedente cronológico a respeito do ato seguinte, mas especialmente um fator causador da sua fluidez e facilidade: à medida que o tempo passa, a capacidade vai crescendo em progressão geométrica, até converter-se numa espécie de reflexo condicionado, de mecanismo conatural à própria personalidade. Dizem que o mais difícil é ganhar o primeiro milhão. Depois, dinheiro chama dinheiro. Aqui também: o mais difícil é superar a inércia. Depois, facilidade cria facilidade, virtude chama virtude.

O primeiro dia em que nos decidimos a viver um «minuto heroico», na hora de nos levantarmos ou de desligar o aparelho de televisão, custa-nos muito. E o fazemos sob protestos. Depois, alegramo-nos de termos conseguido vencer a preguiça e de termos aproveitado melhor o tempo. No segundo dia, já o fazemos com mais facilidade, e assim sucessivamente no terceiro e no quarto. E paulatinamente vamos adquirindo o hábito. O que tempos atrás nos parecia tão custoso (lembremo-nos de quando éramos crianças, de como nos aborrecia ter de escovar os dentes depois das refeições...), agora parece-nos absolutamente natural. No dia em que, por exemplo, não nos levantamos pontualmente, ou perdemos o tempo diante da televisão, sentimo-nos mal, com uma sensação tão desagradável no paladar da alma como a que sentiríamos agora se deixássemos passar vários dias sem escovar os dentes.

Dar os primeiros passos na aquisição de uma virtude é como tentar abrir uma floresta a golpes de facão; mais tarde, à medida que a percorremos uma vez e outra, a picada vai-se convertendo numa vereda; e esta numa estrada que de repente nos dá a sensação de se haver transformado numa escada rolante... Um hábito robusto é uma energia que nos impulsiona, um motor interior que nos transporta.

Mas, para chegarmos a conseguir essa energia, precisamos de uma constância a toda a prova. Contam que Liszt, o grande pianista húngaro, se exercitava oito horas por dia. E já no auge da fama e do virtuosismo, dizia que, se deixava de ensaiar um dia, ele o notava; se interrompia o exercício durante dois dias, o maestro sentia-o; e se chegava a três, o público percebia-o. São essas mesmas leis que temos de aplicar na luta por conseguir a virtude da fortaleza.

Temos de delimitar primeiro a área em que devemos lutar. Algo muito concreto, muito simples. Algo que possa ser formulado no exame de consciência com perguntas simples como estas: Levantei-me na hora certa? Observei o meu horário de estudo? Cheguei pontualmente ao trabalho? Queixei-me alguma vez durante o dia? Dominei a curiosidade no ônibus e aproveitei nele o meu tempo? Fui sóbrio nas refeições? Perdi o tempo diante da televisão?...

Apenas poucas perguntas, para não perdermos a concentração. A tática militar escolhe sempre os pontos nevrálgicos de ataque e concentra ali o maior contingente das suas forças. A vitória assim é mais fácil. Depois vamos mudando os objetivos para vencer em toda a linha de combate.

Não deixemos esmorecer o entusiasmo; renovemo-lo por amor, e com ânimo redobrado quando formos derrotados.

Repetir. Repetir. Repetir.

«Todo o segredo dos grandes corações — escreve Victor Hugo — está nesta palavra: "perseverar". A constância diz que espécie de homem há dentro de nós, qual é a nossa personalidade, a dimensão da nossa coragem. Os constantes são os sublimes. Quem é apenas bravo tem só um assomo, quem é apenas valente tem só um temperamento, quem é apenas corajoso tem só uma virtude; o tenaz, porém, tem a grandeza»[13].

---

13 V. Hugo, *Os trabalhadores do mar*, Edições de ouro, Rio, 1964, pp. 205 e 206.

FORTES COMO A ROCHA, COM A AJUDA DE DEUS

Este capítulo não é o último por ter menos importância, mas precisamente pelo contrário. Não é um apêndice. É o fecho da abóbada.

Dizemos que temos de ser fortes *com a ajuda de Deus* porque sem Deus o homem não pode nada; mas com Deus, pode tudo. Com Ele, tornar-nos-emos fortes como a rocha. Esta imagem bíblica — tantas vezes utilizada pela Sagrada Escritura — adquire uma significação especial ao referir-se à fortaleza sobrenatural que encontra em Deus uma plenitude infinita: *Javé é a minha rocha, a minha fortaleza, o meu refúgio, o meu Deus, a rocha em que me amparo* (2 Sm 2, 2-3). Firmemente ancorado em Deus, o homem que põe a confiança no Senhor pode dizer como o salmista: *Firmou os meus pés sobre a rocha e deu segurança aos meus passos* (Sl 39, 3).

Ter fé na capacidade renovadora de Deus é acreditar que Ele pode transformar a nossa fraqueza em fortaleza, o nosso barro em rocha firme, porque *acaso não sabes* — diz Isaías — *que o Senhor é um Deus eterno..., que não se cansa nem se aborrece?... Ele é quem dá forças ao fatigado e redobra o vigor ao fraco. Os adolescentes podem esgotar-se, os jovens robustos cambalear, mas os que confiam no Senhor renovarão as suas forças, tomarão asas como as da águia, correrão sem se fatigar e andarão sem desfalecer* (Is 40, 28-31).

Os que têm experiência da vida cristã sabem muito bem como isto é uma ditosa realidade.

Onde pensamos que os santos encontraram essa fortaleza sobre-humana de que nos dão tantas provas? Onde julgamos que foi conseguir a sua energia um homem como São Paulo, que enfrentava com indomável intrepidez os maiores perigos?: *perigos nos rios, perigos de salteadores, perigos dos da minha nação, perigos dos pagãos, perigos na cidade, perigos no deserto, perigos no mar, perigos entre falsos irmãos; em trabalhos e fadigas, em repetidas vigílias, na fome e na sede, em frequentes jejuns, no frio ou na nudez* (2 Cor 11, 26-27).

Que daria tanta energia ao Apóstolo? Como explicar essa incrível capacidade de resistência? Ele mesmo nos responde: *Tudo posso nAquele que me dá forças* (Fl 4, 13). Não pensemos que São Paulo era um *super--homem*. Sentia profundamente a sua fraqueza: *De bom grado me gloriarei nas minhas fraquezas, para que habite em mim a força de Cristo..., pois quando estou fraco então é que sou forte* (2 Cor 12, 8-10). Mas Paulo, como todos os homens de Deus, encontrava a sua fortaleza fundamentalmente na oração e, numa das suas Epístolas, resume as suas convicções espirituais numa frase: *Orai sem interrupção* (1 Ts 5, 17).

Com a oração e o nosso esforço, podemos superar todas as nossas fraquezas: *Pedi e dar-se-vos-á, buscai e achareis, batei e abrir-se-vos-á; porque quem pede recebe, e quem busca encontra, e a quem bate se lhe abre* (Lc 11, 9-10). A oração feita com fé viva superará toda a tentação — *Vigiai e orai para não cairdes em tentação* (Mc 14,

38) —, e todo obstáculo será vencido: *Se alguém disser a este monte: Arranca-te e lança-te ao mar, e não hesitar no seu coração, mas crer que se cumprirá a sua palavra, assim se fará* (Mc 11, 22-24). Se aprofundássemos no significado real dessas palavras, compreenderíamos até que ponto a oração nos torna fortes.

Assim o entendia São João Crisóstomo quando dizia: «Tendo Deus dotado os demais animais de velocidade na corrida, ou de rapidez no voo, ou de garras, ou de dentes, ou de chifres, só dispôs o homem de tal maneira que a sua fortaleza não podia ser outra senão a do próprio Deus: e fê-lo assim para que, obrigado pela necessidade da sua fraqueza, peça sempre a Deus quanto possa necessitar»[1].

Por isso é necessário, como diz São João Paulo II, que «peçamos este dom do Espírito Santo que se chama o "dom da fortaleza". Quando o homem vê que lhe faltam as forças para "superar-se" a si mesmo [...], é necessário que este "dom do alto" faça de cada um de nós um homem forte e, justamente no momento apropriado, nos diga "na intimidade": ânimo!»[2] Contamos, pois, com um dom sobrenatural, que é um dom do Espírito Santo e que nos é concedido no admirável Sacramento da Confirmação ou Crisma.

Entre os dons que esse Sacramento nos comunica, destaca-se precisamente, pelo seu caráter específico, o *dom da fortaleza*, que nos habilita a confessar com firmeza a nossa fé como bons soldados de Cristo até chegarmos, se for preciso, ao grau heroico do martírio.

---

1   São João Crisóstomo, *Catena Aurea*, vol. I, p. 427.

2   João Paulo II, *Sobre a fortaleza*, 15-XI-1978.

O Sacramento da Confirmação e o dom de fortaleza

O Sacramento da Confirmação ou Crisma significa para o cristão batizado o que a maturidade da idade adulta representa para uma criança recém-nascida: o robustecimento da vida.

Ninguém pode crescer se não nasce; ninguém, no entanto, nasce senão para adquirir o pleno desenvolvimento e a fortaleza física e psíquica do adulto.

É elucidativo verificar a este propósito o contraste que existiu entre a atitude dos Apóstolos que se reuniram para rezar no Cenáculo, tímidos e acovardados, e a que manifestaram, confessando corajosamente a fé, depois da vinda do Espírito Santo.

Se nos introduzíssemos no coração de um deles — de Pedro, a Cabeça da Igreja —, que encontraríamos? Por um lado, o sentimento grandioso, o impulso evangelizador que o mandato e a mensagem de Jesus provocavam nele: *Ide por todo o mundo e pregai o Evangelho a toda criatura* (Mc 16, 15); e, por outro, a imensa fraqueza que o fez negar o Senhor por três vezes diante de uma pobre empregada e de uns interlocutores anônimos. Veríamos a enorme desproporção entre a missão que lhe foi confiada por Cristo — *Tu és Pedro, e sobre esta pedra edificarei a minha Igreja* (Mt 16, 18) — e a sua débil capacidade humana.

Mas, de repente, um vento impetuoso enche toda a casa onde Pedro e os demais Apóstolos se encontravam, e remexe os alicerces da personalidade de cada um deles, que naquele momento se sentem repletos do Espírito Santo: o fogo arde-lhes nos corações, a cabeça de Pedro resplandece iluminada pela inteligência divina e a sua boca fala com tal eloquência que os ouvintes — de todas as latitudes — o entendem na sua própria língua. E naquele dia converteram-se e foram batizadas cerca de três mil pessoas. A voz de Pedro foi tão forte que ribombou pelo mundo inteiro. Ecoou de coração em coração, de cidade em cidade, de continente em continente, até chegar ao nosso próprio coração.

Se compreendermos o que significou esse dom para os Apóstolos e para a vida da Igreja, compreenderemos também o que significa a Crisma para cada um de nós: «É como um Pentecostes particular para alcançarmos a fortaleza cristã e darmos testemunho de fidelidade a Jesus Cristo»[3].

A característica primordial do Sacramento da Confirmação, instituído por Jesus Cristo, foi definida desde os primeiros Concílios: robustecer a nossa fé, conceder-nos a fortaleza de um soldado de Cristo, *miles Christi*, ou, como diz o Concílio Vaticano II, «enriquecer-nos com uma força especial do Espírito Santo»[4].

E isto nos é comunicado através da matéria e da forma do Sacramento.

A *matéria*, que é o santo crisma, é confeccionada com óleo de oliveira e bálsamo. *O óleo é* um sinal sensível, relacionado com o esporte e a milícia: antigamente, os atletas e os soldados preparavam o seu corpo para a competição e a batalha untando-o com óleo, a fim de adquirir força e elasticidade. É bem clara a sua significação sacramental: o sinal não apenas simboliza, mas

---

3   J. Ortiz López, *Voy a recibir la Confirmación*, Palabra, Madri, 1990, p. 22.

4   Conc. Vat. II, Const. *Lumen gentium*, n. 11.

comunica eficazmente a graça para que nos tornemos fortes como soldados e atletas.

O bálsamo era considerado na antiguidade como a substância aromática por excelência, e sacramentalmente quer significar aquele *bom odor de Cristo* (2 Cor 2, 15) que atrai, que inclina à imitação. O nosso comportamento tem que ser tão firme, a nossa coerência tão decidida, que arraste. É a liderança do exemplo; a atração irresistível de quem é portador do segredo mais estimado: da paz e da alegria imperturbáveis. Nas veredas difíceis de montanha — como são os caminhos da vida —, não bastam os cartazes indicadores; são necessários os guias que, com o seu alento e experiência, levem o montanhista ao cume. O Sacramento da Crisma concede-nos essa resistência, essa pertinácia, essa liderança apostólica que impulsiona para as grandes alturas do espírito.

A forma da Confirmação são as palavras que o bispo pronuncia ao ungir com o santo crisma, em forma de cruz, a testa do crismando: «Recebe por este sinal o dom do Espírito Santo».

A cruz representa a vitória da Redenção sobre toda a fraqueza humana. Quando Cristo foi crucificado, parecia que o dominavam, que o derrotavam. Foi então que, na realidade, Ele triunfou. Quando o bispo nos assinala na testa com a cruz, o que faz é aplicar-nos *o sinal de vencedores*. Não nos esqueçamos disso.

Como soldados de Cristo, temos que vencer as batalhas do mundo, do demônio e da carne. E a Confirmação confere-nos a fortaleza e a resistência para sairmos vitoriosos. Isto deve infundir-nos uma grande força e valentia. Poderemos, talvez, ficar intimidados com frequência pelo escasso número das pessoas que estão decididas a lutar nas batalhas do Senhor: somos minoria, pensamos. Mas não nos assustemos: com Cristo ao nosso lado, unidos à sua força e ao seu poder infinito, sempre *seremos maioria*.

Em alguns ambientes adversos, sentir-nos-emos porventura inibidos à hora de confessarmos a nossa condição de cristãos, de sermos *fortes na fé*, pelo temor de sermos apodados de beatos ou carolas, mas o dom de fortaleza impelir-nos-á a crescer diante das dificuldades; a considerar os obstáculos não como uma barragem, mas como um desafio; a proclamar com firmeza a verdade em que acreditamos, lembrando-nos daquelas palavras do Senhor: *Quem me confessar diante dos homens, Eu o confessarei diante do meu Pai que está nos céus* (Mt 10, 32).

Fortaleza, coragem e *cristianismo* são palavras inseparáveis. Nos primeiros anos do cristianismo, confessar a fé equivalia muitas vezes a perder a vida. A disjuntiva era radical: a fé ou a vida. Essa foi a opção apresentada a um grande soldado, Sebastião, chefe da guarda pretoriana do imperador Diocleciano. Ele preferiu perder a vida a perder o nome de cristão. E morreu atravessado por flechas. Cada seta era um ato de fortaleza, uma heroica confissão da sua fé.

Nós, com bastante certeza, não teremos a possibilidade de morrer mártires; muito provavelmente só teremos uma ou duas vezes na vida a oportunidade de sermos heroicos, mas todos os dias poderemos dar, gota a gota, o nosso sangue vivendo com heroicidade as pequenas contrariedades, as diminutas alfinetadas

FORTALEZA

do dia a dia. Assim poderemos ser, impelidos pelo dom da fortaleza, *mártires do cotidiano*.

Mártir do cotidiano pode ser a mãe de família numerosa que enfrenta com gosto tanto o peso do lar como as críticas que recebe daquelas que voluntariamente esterilizaram a sua capacidade de gerar. *Mártir do cotidiano* é o estudante que, com serenidade e coerência, vai fazendo o seu trabalho de apostolado na escola sem se importar com «o que dirão». *Mártir do cotidiano* poderá ser também a moça que defende os valores da virgindade, que ela própria vive, num ambiente em que só se chega a entender a sensualidade e o prazer.

Outro grande lutador, Alexandre Magno, famoso pela sua coragem, surpreendeu certa vez um soldado fugindo no meio de uma batalha. Ao perguntar-lhe o nome, o soldado, envergonhado, respondeu: «Eu também me chamo Alexandre». E imediatamente o imperador disse-lhe: «Pois bem, ou mudas de nome ou mudas de atitude».

Ostentar o nome de cristão e ser covarde são coisas incompatíveis: ou se deixa de ser cristão ou se deixa de ser covarde. E a coragem, a suave e a forte firmeza da coerência no dia a dia, é uma característica que o *dom de fortaleza* nos comunica.

Quem não recebeu o Sacramento da Confirmação — e, com ele, uma nova efusão do dom de fortaleza e dos demais dons do Espírito Santo — deve recebê-lo, e quem o recebeu tem que renovar a consciência de o ter recebido, sabendo que ele imprime um caráter indelével que nos torna para sempre verdadeiros soldados de Cristo.

Com a força de Deus

Mediante o sacramento da Confirmação, que desenvolverá todos os seus efeitos em nós pela oração e pelo esforço pessoal, poderemos chegar um dia a adquirir a personalidade que — à semelhança da de Cristo — corresponda à daquela figura de que fala Balmes: portadora de uma *cabeça de gelo*, de um *coração de fogo* e de *braços de ferro*.

Cabeça límpida, transparente como o gelo, que revele uma fisionomia intelectual coerente, firmemente arraigada em convicções fundamentais, dotada de um raciocínio frio, depurado de emotividades deformantes; cabeça firme como a rocha e dura como o diamante, que não se deixe *marcar* — impressionar — pelas correntes de opinião majoritárias, mas apenas pela Verdade.

Coração ardente como o fogo que Cristo veio trazer à terra, que recolha e canalize toda a imensa riqueza afetiva do nosso ser e transforme os puros e frios raciocínios em entusiasmo motivador, em vibrante expansão realizadora, em dinamismo operativo.

Braços de ferro que possam dobrar toda dificuldade e superar todo obstáculo; instrumentos vigorosos que levem à prática essas ideias frias aquecidas na fogueira do coração.

Os biógrafos de Michelangelo falam-nos da visão deslumbrante que teve em Carrara diante de um imenso bloco de mármore branco. Naquele momento de êxtase artístico, vislumbrou entre as irregularidades da pedra a imponente figura de Moisés. E dizia: «A única coisa que tive de fazer depois foi tirar o que sobrava àquilo que Deus me fez enxergar». Talvez, ao seguirmos o fio destas reflexões, também Deus nos tenha feito enxergar a personalidade do homem forte em que nos deveríamos transformar... Se assim foi, o que nos resta agora é empenharmo-nos a fundo, com a graça de Deus, em destacar-lhe o perfil, em aparar-lhe as arestas e esculpir toda a sua esplêndida grandiosidade no dia a dia, nas pequenas ocasiões, a caminho das grandes.

Direção geral

Renata Ferlin Sugai

Direção editorial

Hugo Langone

Produção editorial

Juliana Amato

Gabriela Haeitmann

Ronaldo Vasconcelos

Roberto Martins

Capa

Gabriela Haeitmann

Diagramação

Sérgio Ramalho

ESTE LIVRO ACABOU DE SE IMPRIMIR
A 29 DE ABRIL DE 2024,
EM PAPEL PÓLEN BOLD 90 g/m².